Gernot Erler

Russland kommt

HERDER spektrum

Band 5566

Das Buch

Im Mai 1945 war die UdSSR Sieger im Zweiten Weltkrieg. Was ist aus der einstigen Supermacht nach dem Fall des Kommunismus geworden? Die These des Experten Gernot Erler: Russland kommt – wirtschaftlich, politisch und als immer noch globale Macht auf der Suche nach der eigenen neuen Rolle im internationalen politischen System.

Was ist los in diesem riesigen Staat? Wie wird es mit dem Tschetschenienkonflikt weitergehen? Wie wird sich das Verhältnis zu Deutschland gestalten? Welche Pläne hat Putin? Gernot Erler kennt die Situation vor Ort, beleuchtet die Hintergründe der aktuellen Situation und zeigt, wohin sich Putins Politik orientieren wird: Denn Russland steht am Scheideweg zu einer demokratischen, marktwirtschaftlich orientierten Gesellschaft oder zu einer weiterhin autoritär geführten Großmacht, mit der ebenfalls zu rechnen ist. Der Terroranschlag von Beslan, die Jukos-Affäre, die „Orangene Revolution“ in der Ukraine: Anhand dieser drei Schlüsselkonflikte analysiert Gernot Erler, einer der profiliertesten Kenner Russlands, die aktuelle Lage im Staate Putins und beschreibt politische Konsequenzen.

Der Autor

Gernot Erler, Historiker und Verlagsleiter, MdB (Freiburg) seit 1987, Stellvertretender Vorsitzender der SPD-Bundestagsfraktion, Vorsitzender der Deutsch-Russischen Parlamentariergruppe im Deutschen Bundestag, Koordinator für die deutsch-russische zwischengesellschaftliche Zusammenarbeit im Auswärtigen Amt, Mitglied des Lenkungsausschusses „Petersburger Dialog“ und Präsident der Südosteuropa-Gesellschaft (München). Zahlreiche Veröffentlichungen zur Geschichte und Internationalen Politik mit den Schwerpunkten Russland, GUS-Staaten und Südosteuropa, u. a.: Global Monopoly. Weltpolitik nach dem Ende der Sowjetunion. Berlin 1998.

Gernot Erler

Russland kommt

Putins Staat – der Kampf um Macht und Modernisierung

HERDER

FREIBURG · BASEL · WIEN

Gedruckt auf umweltfreundlichem, chlorfrei gebleichtem Papier

Originalausgabe

www.herder.de
Satz: Barbara Herrmann, Freiburg
Druck und Bindung: fgb · freiburger graphische betriebe 2005
www.fgb.de
Umschlaggestaltung und Konzeption:
R·M·E München / Roland Eschlbeck, Liana Tuchel
Umschlagfoto: © Corbis
ISBN 3-451-05566-X

Für Marion

Inhalt

Vorwort

„Mit dem Verstand lässt sich Russland nicht begreifen,
mit einem normalen Maßstab nicht ausmessen,
es ist aus einem besonderen Stoff,
an Russland kann man nur glauben.“

Diese Verse des russischen Poeten Fedor Tjutschew aus dem Jahr 1866 ermuntern zur Resignation. Sie sind oft missbraucht worden, um analytische Aufdringlichkeiten abzuwehren.

Seit 40 Jahren beschäftige ich mich mit diesem Land, habe seine Sprache gelernt, seine Geschichte studiert und gelehrt, ungezählte Gespräche über diesen „besonderen Stoff“ geführt und viele kluge Texte dazu gelesen. Wenn Tjutschew davor warnen wollte, „normale Maßstäbe“ allzu umstandslos auf Russland anzulegen, dann hatte er Recht. Wenn er eine kritische Begleitung, die sich durchaus mit emotionaler Verbundenheit verträgt, entmutigen wollte, verweigere ich seinen Sätzen die Gefolgschaft. Russland braucht einen wachen, kritisch beobachtenden Verstand, im Innern wie von außen. „Compassionate“, mitfühlend und einfühlend, kann er dabei durchaus sein.

Ich habe verschiedene Funktionen, im Deutschen Bundestag, in der Bundesregierung, in zivilgesellschaftlichen Organisationen. Die Verantwortung für diesen Text trage ich allein. Bei seiner Vorbereitung und Erstellung hat mein Berliner Team mit Insaf Karabulut, Petra Schneider-Volz, Peter Fäßler und Martin Weiss, mit den Auszubildenden Sarah

Rohde und Anne Sprungala sowie mit den Praktikanten Andreas Epping und Thomas Steiert tüchtig geholfen. Kritische Anregungen verdanke ich Walter Mossmann, Peter Hilkes und Dirk Sawitzky. Allen Genannten sage ich ein herzliches „Dankeschön"!

Berlin und Freiburg, im Februar 2005 Gernot Erler

Nicht von Putin allein – Einleitung

Wer sich Veröffentlichungen anschaut, die über das aktuelle Russland Auskunft geben, findet in fast jedem Titel den Namen „Putin“. Fast möchte man meinen, das Land gehöre diesem Mann, wenn dauernd von „Putins Russland“ die Rede ist. Eine solche Besitzanzeige ist natürlich übertrieben. Aber sie macht auch wieder Sinn, wenn man in Rechnung stellt, wie viel in Sachen Russland allein der Präsident entscheidet. Da kann der Blick auf Herkunft, Berufsweg, Sozialisation, Erfahrungen und Umfeld dessen, der gestaltet und regiert, viel Aufschluss geben. Es verschafft neben Erkenntnis auch Genugtuung, wenn man die im Biographischen angelegten Fährten dann in der Politik mit ihren Auswirkungen auf ein solches Riesenland weiterverfolgen kann.

Auffällig ist, besonders bei der mehr fachlich ausgerichteten Literatur, auch ein Hang, Putins Russland einzuordnen. Wahrscheinlich hat dazu der Präsident persönlich mit seinem Wort von der „gelenkten Demokratie“ den Anstoß gegeben. Es erscheint ja auch nicht unwichtig, ob unsere 148 Millionen Nachbarn in einer „Scheindemokratie“, einer „präsidentiellen Republik“ oder einer „Sowjetunion mit Marktwirtschaft“ leben. Schon Katharina die Große, russische Kaiserin von 1762 bis 1796, wusste, warum bestimmte Regierungsformen für dieses große Land nicht infrage kommen, und teilte dies ihrer Gesetzgebenden Versammlung auch mit: „Ein weitreichendes Reich setzt eine unumschränkte Gewalt in derjenigen Person voraus, die ein solches regiert. Die Geschwindigkeit in der Entscheidung der

Sachen, die aus fernen Orten einlaufen, muss die Langsamkeit ersetzen, die aus dieser weiten Entfernung entsteht.“ Ein schöner und anmutig formulierter Gedanke zur Rechtfertigung der Autokratie, für heute höchstens durch die Segnungen des Internets etwas entwertet. Dem gleichen Grundmuster begegnet man aber auch in Putins Russland. Man trifft dort genügend Fachleute mit der Berufsbezeichnung „Polittechnologen“, die in brillanter Weise den Lenkungsbedarf der russischen Demokratie und die Unverzichtbarkeit eines Superpräsidentialismus aus den ewigen Koordinaten der Weite des Landes und der Seele seiner Bewohner ableiten können. Mit Argumenten hat man keine Chance gegen sie.

Schon deshalb soll auf beides hier verzichtet werden: Auf die Erklärung russischer Gegenwartspolitik aus bisher unbekannten Persönlichkeitsmerkmalen des Wladimir Putin ebenso wie auf einen neuen Anlauf, das Besondere an dem gegenwärtigen politischen System Russlands durch ein neues begriffliches Etikett auf den Punkt zu bringen.

Der Blick soll vielmehr auf drei aktuelle Konflikte gelenkt werden. Sie haben exemplarischen Charakter. Zeitlich laufen sie parallel, sich sogar gegenseitig überlappend, in einer Kernphase zwischen September und Dezember 2004. Es handelt sich zunächst um den „Fall Beslan“ und die Frage, wie die russische Führung auf diese besonders brutale Herausforderung des tschetschenischen Terrors reagiert. Es geht dann um den „Fall Chodorkowskij“, dessen Anfänge zwar auf den Oktober 2003 zurückführen, der sich aber im Dezember 2004 zuspitzt. Und schließlich wird der „Fall Ukraine“ beleuchtet, mit der „Orangenen Revolution“, die für 17 Tage im November und Dezember 2004 den Kreml und die ganze Welt in Atem hält.

Bei allen drei Konfliktbeispielen wird das faktische Geschehen so detailliert dargeboten, dass der Leser genug Chancen findet, sich ein eigenes Bild zu machen. Erst im Schlusskapitel erhalten die persönlichen Wertungen und politischen Schlussfolgerungen ein größeres Gewicht. Bewusst werden dort auch positive Ansätze für die künftige Entwicklung Russlands beschrieben. Es gibt sie, auch wenn sie bei der Vielzahl der Probleme, wie sie in den drei unterschiedlichen Konfliktfällen zur Sprache kommen, nicht auf Anhieb erkennbar sind.

Der Fall Beslan: Terror und politischer Wandel

Die Terroranschläge des 11. September 2001 in New York und Washington haben tiefe Spuren in der Weltpolitik hinterlassen. Die politischen Auswirkungen des 11. September erreichen aber auch einzelne Gesellschaften und das Alltagsleben der Menschen. Für die begriffliche Erfassung dieser Veränderungen hat sich der Terminus „Nachseptemberwelt“ eingebürgert. Insofern hat die globale Herausforderung des Terrors an vielen Orten Veränderungsprozesse ausgelöst. In den Vereinigten Staaten greift der „Patriot Act“ in traditionelle Bürgerrechte ein, viele Kompetenzen in Sachen Sicherheit wurden auf ein neues Ministerium für Heimatschutz übertragen und dort gebündelt und die komplexe Politik des „war on terrorism“, zu dem der amerikanische Präsident auch den Irakkrieg zählt, hat einen anhaltend prägenden Einfluss auf die politische Kultur und Lebenswelt genommen, ja eine neue Diskussion über „amerikanische Werte“ ausgelöst.

Russland ist bisher von direkten Al-Qaida-Anschlägen verschont geblieben. Trotzdem wurde es zum Schauplatz blutiger Terroranschläge. Sie stehen im Zusammenhang mit dem ungelösten Tschetschenienkonflikt. Zwar hat die russische Führung schon im Jahr 2000 den 1999 begonnenen zweiten Tschetschenienkrieg offiziell für beendet erklärt, konnte aber in der Folge ein Anschwellen von Gewaltakten und Terroranschlägen auf russischem Boden auch außerhalb Tschetscheniens nicht verhindern.

Mit der Tragödie von Beslan im Spätsommer 2004 hat diese Gewaltwelle einen neuen Höhepunkt erreicht. In Russland selbst, aber auch anderswo, wurden Parallelen zwischen „Nine-Eleven“ und Beslan gezogen. Heute kann man feststellen, dass der Terrorakt in Nordossetien tatsächlich erhebliche Veränderungen in der russischen Innenpolitik, aber auch in der internationalen Wahrnehmung Russlands ausgelöst hat. Beslan hat dabei in Russland weit über Fragen der Sicherheits- und Antiterrorpolitik hinaus politische und gesellschaftliche Reaktionen angestoßen, in vielen Fällen aber auch bereits laufende Veränderungsprozesse signifikant beschleunigt. Diese Katalysatorfunktion des Terroranschlags im Nordkaukasus für den immer atemloser werdenden politischen und gesellschaftlichen Wandel in Russland rechtfertigt eine genauere Untersuchung der Folgen von Beslan, bei der wie in einem Brennglas die Probleme und Widersprüche der russischen Transformationsprozesse in besonderer Weise sichtbar werden.

Die Woche des Terrors und ihre Folgen

Am Abend des 24. August 2004 starteten kurz hintereinander zwei Passagierflugzeuge von Moskaus Inlandsflughafen Domodedowo, das eine nach Wolgograd, das andere nach Sotschi. Gegen 23 Uhr verschwanden beide Maschinen fast zeitgleich von den Radarbildschirmen. Erst gab es tagelange Spekulationen über die mögliche Verwendung von schlechtem Flugzeugbenzin oder Pilotenversagen. Die russischen Behörden zögerten, die schockierende Wahrheit bekannt zu geben: Zwei so genannte „Schwarze Witwen“ hatten mit Sprengstoff die Flugzeuge in der Luft zur Explosion gebracht und 90 Menschen mit in den Tod gerissen.

Dies war aber erst der Anfang der Woche des Terrors.

Am 31. August sprengte eine schwarz gekleidete Kaukasierin unweit des Eingangs zur Metrostation des Rigaer Bahnhofs mitten in Moskau, fünf Kilometer vom Kreml entfernt, sich selbst mitsamt zehn weiteren Zufallsopfern in die Luft. Es stellte sich heraus, dass diese „Schwarze Witwe" vorher Kontakt zu den beiden Flugzeugattentäterinnen hatte und eine vierte Frau zu diesem Quartett gehörte, die nicht auffindbar war. Der opferreiche Tschetschenienkonflikt hatte erneut die russische Hauptstadt heimgesucht.

Als „Schwarze Witwen" gelten tschetschenische Frauen, die in diesem Konflikt Väter, Männer, Brüder, Söhne oder andere Familienangehörige verloren haben, die so aus ihrer sozialen Mitte gerissen werden und die dann unter Einfluss von Rebellen- und Terroristengruppen geraten, die sie auf Selbstmordattentate vorbereiten. Eigentlich widerspricht dies dem traditionellen tschetschenischen Sitten- und Moralkodex des „Adat", der bewaffnete Gewaltakte von Frauen untersagt – aber auch diese Regeln hat der blutige und verrohende Tschetschenienkrieg längst außer Kraft gesetzt.

Die Moskauer Gesellschaft hatte sich von diesem Schrecken noch nicht erholt, als sie am 1. September 2004 von einer noch viel schlimmeren Nachricht erreicht wurde. Im fernen Beslan, einer 35 000-Einwohner-Gemeinde 15 km von der nordossetischen Hauptstadt Wladikawkas und 50 km von der tschetschenischen Grenze entfernt, hatte eine Gruppe von 33 schwer bewaffneten Terroristen die Schule Nr. 1 überfallen – gerade in dem Moment, als sich dort eine große Anzahl von Lehrern, Eltern, Angehörigen und Schülern zum feierlichen Beginn des Schuljahres, dem traditionellen „Tag des Wissens", versammelt hatten. Es beginnen Stunden und Tage des Bangens, der Ungewissheit und der abwiegelnden Fehlinformationen (hartnäckig behaupten russische Behördensprecher, es befänden sich nicht mehr als 354 Geiseln in der Hand der Terroristen, obwohl freigelassene Betroffene längst von viel höheren Zahlen berichten), bis am Freitag, den 3. September, die Weltöffentlichkeit über die Live-Übertragungen der inzwischen angerückten internationalen Fernsehteams teilhat an einer planlosen, chaotischen und äußerst blutigen Beendigung des Geiseldramas.

Später wird bekannt werden, dass 1251 Menschen in der Hand von 31 männlichen und zwei weiblichen Geiselnehmern waren, von denen nur ein Mann überlebt, dass 330 Opfer unter den Geiseln zu beklagen sind, davon 176 Kinder, und etwa 600 Kinder und Erwachsene zum Teil schwere Verletzungen erlitten haben. Hinter diesen Zahlen verbirgt sich ein menschliches Drama: Über 1000 Eltern, Lehrer, Schüler und Kinder, die drei Tage lang in einer Turnhalle ohne Essen und Trinken bei steigenden Temperaturen eingesperrt sind, bedroht von mit Schusswaffen und Sprenggürteln bewaffneten Terroristen und von in der Turnhalle verteilten und miteinander verbundenen Sprengsätzen, die mit ansehen müssen, wie die Terroristen erst sieben Männer, später auch bei einem Zwischenfall schwer verletzte Geiseln erschießen, die vergeblich auf Schonung hoffen oder die Rettung warten, und auf schließlich, nach aus ungeklärten Gründen ausgelösten heftigen Explosionen am Mittag des 3. September, im Kugelhagel der Terroristen und der sie belagernden Sicherheitskräfte um ihr Leben laufen müssen. Augenzeugen berichten von schwer erträglichen Einzelheiten, und die Welt ist geschockt von den Berichten über tödliche Schüsse auf fliehende Kinder.

Die meisten Fragen zu Beslan sind bisher ohne Antwort geblieben. Wieso konnte sich die multiethnisch zusammengesetzte Terroristengruppe im benachbarten Inguschetien ungestört auf den Anschlag vorbereiten und mit einem LKW voller Waffen ungehindert die Grenze passieren und die Schule erreichen? Warum hat keiner der für Sicherheit zuständigen Moskauer Minister die Leitung des in Beslan gebildeten Krisenstabs übernommen? Warum gelang es nicht, die Arbeit der Kräfte der Innenministerien, der Sicherheitsdienste und der Armee aufeinander abzustimmen? Wie konnte es passieren, dass die Absperrung des Geländes nicht funktionierte und am Ende mit eigenen Waffen ausgerüstete Bürger der Region in das Geschehen eingriffen? Wer trägt die Verantwortung dafür, dass bei dem unerwartet kommenden Ende der Geiselnahme ein Chaos ausbrach, das vielen Kindern und Erwachsenen das Leben kostete und bei dem auch zehn Mann der legendären Eliteeinheiten Alfa und Wimpel (höchster Verlust in ihrer Geschichte) ihr Leben lassen mussten? Wie ist das Scheitern der Vermittlungsgespräche mit den Terroristen zu erklären und wer hat sie überhaupt geführt? Und warum war ausgerechnet der frühere, 2001 vom Kreml aus dem Amt getriebene inguschische Präsident Ruslan Auschew der Einzige, der den persönlichen Mut aufbrachte, zu den Terroristen hinzugehen, und der es schaffte, 27 Frauen und Kleinkinder freizubekommen, während der amtierende Präsident Inguschetiens Murat Sjasikow bis zum Ende des Geiseldramas abgetaucht blieb? Warum wurden alle 33 Terroristen bis auf einen getötet? Und schließlich: Wieso hat bis heute niemand für den Auftritt der Sicherheitskräfte die politische Verantwortung übernommen, wenn man einmal von der Ablösung des Innenministers und des Geheimdienstchefs von Nordossetien absieht?

Präsident Putin hat nach anfänglichem Zögern grünes Licht dafür gegeben, dass ein gemeinsamer Untersuchungsausschuss von Föderationsrat und Duma unter der Leitung des Vizepräsidenten des Föderationsrates Aleksandr Torschin die Vorgänge in Beslan überprüft. Über Ergebnisse ist noch nichts bekannt, die russische Öffentlichkeit verhält sich gegenüber den Möglichkeiten von solchen Untersuchungen auch eher skeptisch. Betroffene Bürger von Beslan werden Ende Januar aus Protest gegen die Arbeit der Kommission Straßen blockieren und eine internationale Untersuchung sowie den Rücktritt von Republikchef Alexander Dsasochow fordern. Aber ohnehin wurde die öffentliche Aufmerksamkeit nach dem Schock und der Trauer über die Opfer der Terrorakte rasch von den Fragen der Verantwortung weg und hin zu den notwendigen politischen Konsequenzen gelenkt.

Offene Wunde Tschetschenien

Die Spuren dieser Terrorwoche führen nicht nur wegen der Herkunft der Attentäter nach Tschetschenien. Alle drei Terrorakte umranken zeitlich die Wahl eines neuen tschetschenischen Präsidenten am 29. August. An diesem Tag war der bisherige tschetschenische Innenminister Alu Alchanow als Kandidat von Moskaus Gnaden zum Nachfolger des am 2. Mai 2004 in die Luft gesprengten Präsidenten Achmed Kadyrow gewählt worden – offiziell mit einer Mehrheit von fast 74 Prozent bei einer Wahlbeteiligung von 85 Prozent, nach der Meinung von Beobachtern und auch der EU in Wahlen, die „weder frei noch fair“ verliefen. Der Wahltag blieb unter dem Schutz von ungezählten Sicherheitskräften fast ohne Zwischenfälle und sollte den weiteren Weg Tschetscheniens zur von Moskau aus gelenkten Normalisierung und Stabilisierung markieren. Den Planern der drei Terrorakte gelang es, andere Signale zu setzen. Und so wunderte es auch nicht, dass sich Schamil Bassajew, Haupt der islamistischen Brigade „Rijad al-Salihin“, der rücksichtsloseste und brutalste unter den tschetschenischen Terroristen, alsbald in zynischer Weise, unter Nennung der dabei aufgewendeten Dollar-Beträge, zur Planung und Vorbereitung der drei Bluttaten bekannte. Auch für die meisten Russen klang dieses Bekenntnis glaubwürdiger als das jener unbekannten Islambuli-Islamistengruppe, denn Beslan entspricht der Handschrift Bassajews: Schon 1995 hatte er in Budjonnowsk einen Überfall mit 2000 Geiseln organisiert, bei der 150 Menschen starben, und im Oktober 2002 ließ er das Moskauer Musicaltheater Nord-Ost überfallen, wo 129 von den 800 Geiseln neben den 41 Attentätern während des Befreiungsschlags der Sicherheitskräfte ums Leben kamen.

Wer die Bedeutung und Wirkung der Tragödie von Beslan verstehen will, muss sich deswegen noch einmal wenigstens stichwortartig an die Entwicklung des Tschetschenienkonflikts erinnern und an den Punkt gehen, wo dieser Konflikt sich mit dem Aufstieg des russischen Präsidenten Wladimir Putin kreuzt.

Das Zarenreich musste im 18. und 19. Jahrhundert jahrzehntelange verlustreiche Kämpfe führen, bis es gelang, die nordkaukasischen Bergvölker zu unterwerfen. Dabei entstanden viele Legenden um den Freiheitswillen besonders der Tschetschenen, deren Anführer Imam Schamil, selber ethnisch kein Tschetschene, vier Jahrzehnte lang einen heroischen Widerstand gegen das imperiale Russland leitete – ein Konflikt, den die Klassiker der russischen Literatur wiederholt in einer Mischung aus Schrecken und romantischer Stilisierung poetisch verarbeitet haben. Die Kämpfe flammten immer wieder auf, auch nach der Oktoberrevolution.

Nach dem Angriff auf die Sowjetunion durch Hitler-Deutschland beging dann Stalin 1944 ein ungeheures und unvergessenes Verbrechen, als er 400 000 Tschetschenen und 100 000 Inguschen im Verdacht, sie könnten mit den deutschen Okkupanten kollaborieren, auf derart brutale Weise deportierte, dass ein Fünftel der Betroffenen nicht überlebte. Als die Vertriebenen 1957 nach einer Rehabilitationsverfügung Chruschtschows zurückkehrten, gab es Konflikte mit den Völkerschaften, die sich inzwischen in ihrer Heimat angesiedelt hatten.

Als sich 1991 die Sowjetunion auflöste, keimten in Tschetschenien Separationsbestrebungen auf. Fehleinschätzungen auf russischer Seite über den Grad der tschetschenischen Kampfbereitschaft standen am Beginn des ersten Tschetschenienkriegs zwischen 1994 und 1996. Dieser Krieg wurde im Jahr von Präsident Jelzins Wiederwahl durch internationale Vermittlung mit dem Waffenstillstand von Chassawjurt beendet. Unter dem 1997 gewählten Präsidenten Maschadow entwickelte sich die weitgehend sich selbst überlassene tschetschenische Republik „Itschkerija" allerdings zu einem rechtsstaatlichen Niemandsland, in dem alle Arten von Verbrechen blühten – Diebstahl von Öl, Waffen- und Drogenschmuggel und immer wieder Geiselnahmen zur Lösegelderpressung.

Eigentlich sollte über den endgültigen Status Tschetscheniens erst später entschieden werden. Als aber im Sommer 1999 eine bewaffnete Gruppe mit Schamil Bassajew an der Spitze Tschetscheniens Nachbarrepublik Dagestan überfiel und im Herbst in Wolgodonsk und Moskau mehrere russische Wohnhäuser in die Luft flogen, wobei 240 Menschen ihr Leben ließen, schlug die Stimmung in Russland um. Die Wohnhaussprengungen wurden zwar nie aufgeklärt, aber tschetschenischer Täterschaft zugeschrieben. Wladimir Putin, vom abtretenden Präsidenten Boris Jelzin als Nachfolger aufgebaut, machte die Lösung der Tschetschenienfrage zu seinem Hauptwahlkampfthema. Die Präsidentschaftswahlen am 26. März 2000 gewann er mit dem Versprechen, den Konflikt zu lösen und endlich für die Sicherheit Russlands zu sorgen.

Der 1999 begonnene zweite Tschetschenienkrieg war nicht weniger blutig und verlustreich für beide Seiten als der erste. Aber Moskau verfolgte jetzt einen neuen Plan. Der russische Präsident setzte politisch auf die sogenannte „Tschetschenisierungs-Strategie“: Parallel zu militärischen Erfolgen gegen die Rebellen sollte die Bevölkerung mit einer Normalisierung des Alltagslebens und dem sichtbaren Wiederaufbau des zerstörten Landes gewonnen werden. Gleichzeitig sollte die politische Macht schrittweise an moskautreue Tschetschenen übergehen. Das Ziel war, die spürbare Kriegsmüdigkeit der Zivilbevölkerung gegen den Terror des bewaffneten Separatismus auszuspielen.

Am besten funktionierte noch die Auswechslung der politischen Führung: 2003 sorgte ein Referendum für eine neue Verfassung Tschetscheniens, und der 1997 während der faktischen Unabhängigkeit gewählte Präsident Aslan Maschadow musste dem moskautreuen Achmed Kadyrow Platz machen. Aber die Milliarden Rubel für den Wiederaufbau lösten sich auf dem Weg von Moskau nach Grosnyj größtenteils in Luft auf. Ein Teil der russischen Sicherheitskräfte erlag vor Ort der Verlockung, sich auf Kosten der Zivilbevölkerung zu bereichern. Sie beteiligten sich an Schikanen und Verbrechen gegenüber tschetschenischen Zivilisten bis hin zur serienmäßigen nächtlichen Verschleppung mit Lösegelderpressung sowie zur Misshandlung und Ermordung vor allem männlicher Tschetschenen. Sie griffen zu einer Art „Gegenterror", an dem sich auch die bewaffneten Milizen des moskautreuen Präsidenten Kadyrow (die gefürchteten „Kadyrovcy") aktiv beteiligten. Zahlreiche erschütternde Berichte russischer und internationaler Menschenrechtsorganisationen und der Beobachter des Europarats geben davon Zeugnis. Diese in den meisten Füllen unaufgeklärt und ungesühnt bleibenden Unrechtsakte und Menschenrechtsverletzungen haben die geplante Isolierung der tschetschenischen Kampfgruppen verhindert, die sich trotz erheblicher Verluste offensichtlich fortlaufend neu rekrutieren können.

Wo dem Putin'schen Tschetschenisierungskonzept der Erfolg aus den genannten Gründen versagt blieb, musste die Propaganda nachhelfen. Diese wenigstens leistete ganze Arbeit: In der russischen Öffentlichkeit verbreitete sich der Eindruck, der tschetschenische Aufstand breche immer mehr zusammen, die Terrorgruppen verlören an Handlungsfähigkeit und die Normalisierung des Lebens in Tschetschenien mache tägliche Fortschritte. Gut möglich, dass in Russland diese positiven Meldungen nach zehn Jahren Krieg und Terror begierig aufgesogen wurden. Der Tschetschenienkonflikt verschwand im Zuge solch kollektiver Verdrängung fast vollständig aus der öffentlichen Wahrnehmung. Er spielte weder im Vorfeld der russischen Dumawahlen vom Dezember 2003 noch bei den Präsidentschaftswahlen vom März 2004 eine nennenswerte Rolle. Das entsprach den Interessen eines um seine Wiederwahl bemühten Präsidenten, der seine erste Wahl im Jahr 2000 mit dem Versprechen gewonnen hatte, den Tschetschenienkonflikt zu beenden und die Sicherheit für alle Russen wiederherzustellen.

Auch international brauchte Putin keine ernsthaften Einwände gegen seine Politik zu fürchten. Seine entschlossene Unterstützung für das angegriffene Amerika nach den Attacken des 11. September 2001 und seine verlässliche Partnerschaft in der globalen Antiterrorkoalition wurden damit belohnt, dass man seine Definition des Tschetschenienkonflikts als Teil der weltweiten Angriffsstrategie der Islamisten gegen den Westen akzeptierte. Man ließ ihm also freie Hand bei seinen Antiterrormaßnahmen im eigenen Land. Nach dem 11. September blieben international am Ende nur noch die wenigen Beobachter des Europarats übrig, die – sehr zum Ärger Moskaus – kritische Fragen zu Putins Politik im Kaukasus stellten.

Diese Ruhe war trügerisch. Sie provozierte die keineswegs handlungsunfähigen Kampfbrüder etwa eines Schamil Bassajew zu spektakulären Aktionen, mit denen sie erneut auf Tschetschenien aufmerksam machen. Mit der blutigen Geiselnahme von Beslan, bei der 176 Kinder getötet wurden, hat diese Reaktion auf die Verdrängung des Tschetschenienkonflikts vorerst ihren extremsten und erschreckendsten Ausdruck gefunden.

Putins Reaktion

Die Woche des Terrors hat den russischen Präsidenten unter erheblichen Druck gesetzt. Das tödliche Attentat auf den moskautreuen tschetschenischen Präsidenten Achmed Kadyrow am 9. Mai 2004 war als Rückschlag für Putins Strategie der Tschetschenisierung gewertet worden. In Eile hatte Putin deshalb die Nachwahl von Alu Alchanow für den 29. August vorbereitet, um diese Panne auszubügeln. Nach Beslan stand der Kremlchef aber vor einem Scherbenhaufen: Drei Attentate in acht Tagen mit 465 Toten kündeten von einer ungebrochenen Handlungsfähigkeit des angeblich schon fast besiegten tschetschenischen Terrors. Die russische Gesellschaft erfuhr eine tiefe, schockartige Verunsicherung, die durch das klägliche Auftreten der Sicherheitskräfte und die altvertrauten Verschleierungsversuche bei der Weitergabe von Informationen noch verstärkt wurde. Sogar in den angepassten russischen Medien hagelte es kritische Kommentare. Für jedermann wurde ein krasser Gegensatz sichtbar: Auf der einen Seite ein Präsident auf dem Zenit seiner Macht, der nach gewonnenen Duma- und Präsidentschaftswahlen politisch unangefochten erscheint, im Parlament mit einer Zweidrittelmehrheit ausgestattet ist, im Apparat mittlerweile auf eine eigene Hausmacht von Vertrauten bauen kann und der, nach der Einschüchterung potentieller Herausforderer, etwa unter den Oligarchen, sich im Hinblick auf innenpolitische Veränderung auf dem Vormarsch befindet. Und auf der anderen Seite ein Präsident, der mit ansehen muss, dass die Terroristen unter Nutzung der flächendeckenden Korruption in seinem Land fast ungehindert agieren können, dass im Ernstfall regionale Regierungen regelrecht abtauchen, als seien sie nicht existent, und Sicherheitskräfte den Eindruck vollständiger Führungslosigkeit hinterlassen. Und dieser Präsident weiß natürlich, dass Beslan mit seinem bestialischen Tabubruch des Kindermordes die Angst in Russland potenzieren wird und auch darauf abzielt, den Tschetschenienkonflikt auszuweiten: 1992 hatten kriegsähnliche Gewaltaktionen zwischen Inguschen und Nordosseten 700 Menschen das Leben gekostet – Erinnerungen daran werden sofort wach, wenn jetzt eine friedliche nordossetische Schulgemeinde Opfer eines Überfalls wird, an dem auch neun inguschische Attentäter beteiligt waren. Als Schreckensvision erscheint ein Flächenbrand in der an ethnischen und religiösen Konflikten reichen Nordkaukasusregion, den Moskau, vom Tschetschenienproblem bereits überfordert, kaum unter Kontrolle bringen könnte.

Zwölf Mal haben Bassajew und seine Mitstreiter Gewaltaktionen außerhalb Tschetscheniens durchgeführt. Die letzte vor Beslan fand in der Nacht vom 21. auf den 22. Juni 2004 statt: 200 Terroristen bringen die inguschische Stadt Nasran, 22 Kilometer von Beslan entfernt, für viereinhalb Stunden unter ihre Kontrolle, stürmen das Gelände des Innenministeriums und die Kaserne einer Grenztruppeneinheit, ermorden den Innenminister, Staatsanwälte und 51 Polizisten und richten insgesamt ein Blutbad mit 98 Toten an. So brutalspektakulär dieser Akt auch war, der verordnete Optimismus in Sachen Normalisierung reduzierte die öffentliche Aufmerksamkeit, die er erregte, auf ein erstaunliches Minimum. Die Geiselnahme von Beslan ließ eine solche Verdrängungsreaktion nicht mehr zu. Russland wusste jetzt: Nicht Putins Tschetschenisierung des Tschetschenienkonflikts schreitet voran, sondern Bassajews Regionalisierung und allrussische Nationalisierung des Tschetschenienkrieges, der ja angeblich schon im Jahr 2000 aufgehört hatte. Und Russland starrte auf seinen allmächtig-ohnmächtigen Präsidenten und fragte sich, wie er wohl reagieren würde.

Am 4. September 2004, nachdem das ganze Ausmaß der Geiseltragödie durchgesickert war, wandte sich Wladimir Putin in einer Fernsehansprache an sein Volk. Wahrscheinlich werden irgendwann einmal künftige Historiker die Reaktionen von George W. Bush auf den 11. September und von Wladimir Putin auf Beslan vergleichen. Sie werden erstaunliche Textidentitäten, bis hin zu kompletten Sätzen, entdecken. Sie werden aber auch Erklärungen dafür suchen, weshalb der amerikanische Präsident von der ersten Minute an mit sicherem politischen Instinkt sein „war-on-terrorism“-Konzept als Grand-Design für seine ganze restliche Amtszeit ausbuchstabierte, während der Herr des Kremls, sichtlich angeschlagen, in ein defensives zeitgeschichtliches Lamento verfällt und hinter verschwörungstheoretischen Versatzstücken Deckung sucht. Auffällig, wie Putin jeden zweiten Satz mit „wir“ beginnt, als könnte das die auf ihm lastende Gesamtverantwortung erträglicher machen. Beachtlich das offene Bekenntnis zu Fehlern und Schwächen, die Putin allerdings aus dem Auflösungsprozess der Sowjetunion ableitet und dabei, nicht zum ersten Mal, seine UdSSR-Nostalgie deutlich zum Ausdruck bringt.

In einer Passage, die bei Russlands europäischen Partnern einiges Kopfschütteln auslöste, macht der Präsident kryptische Andeutungen über eine tschetschenisch-westliche Kumpanei, wenn er feststellt: „Die einen wollen ein Filetstück unseres Landes, die anderen helfen ihnen dabei: helfen, indem sie denken, dass Russland als eine der größten Atommächte noch für jemanden eine Gefahr darstelle. Darum geht es, diese Gefahr abzuwenden.“ Putin ist auf diese böse Verdächtigung später nicht mehr zurückgekommen. Er blieb aber bei seiner Überzeugung, in Beslan habe sich das internationale Terrornetzwerk Russland als Opfer ausgesucht, was mit dem Tschetschenienproblem nichts zu tun habe – auch wenn die tschetschenische Grenze 50 km vom Tatort entfernt liegt, 14 der Täter Tschetschenen waren und an dem Tatbekenntnis von Schamil Bassajew wenig zu deuteln ist. Auch in allen weiteren Reaktionen auf die Woche des Terrors wird das Wort „Tschetschenien“, als sei es ein Tabu, nicht vorkommen.

Ein anderer Abschnitt aus der Präsidentenansprache ließ aufhorchen. Da erklärt Putin wörtlich: „Das Wichtigste aber ist die Mobilisierung der Nation angesichts der Gefahr für alle. Die Ereignisse in den anderen Staaten zeigen: Die wirksamste Abfuhr bekommen die Terroristen dort, wo sie nicht nur an die Stärke des Staates, sondern auch an die organisierte, geschlossene Zivilgesellschaft geraten." Hier flammt für einen Moment eine wichtige Erkenntnis auf, die sich auf die russische Geschichte berufen kann. Mit der „Mobilisierung der Nation" hat Russland den Einmarsch Napoleons und Hitlers Vernichtungsfeldzug gestoppt und zum Erliegen gebracht. Noch kennt niemand ein wirksames Mittel, um sich gegen die Attacken des weltweit agierenden Terrorismus zu schützen. Aber dass da ein starker Staat alleine nicht ausreicht, dass da ein entschlossenes „Wir", eine die eigenen Werte aktiv verteidigende Zivilgesellschaft hinzukommen muss, steht außer Frage. Würde Putin es schaffen, an dieser Erkenntnis bei den konkreten politischen Antworten auf die Woche des Terrors anzuknüpfen?

Die Antwort darauf gab der Präsident, als er am 13. September 2004 eine erweiterte Regierungssitzung einberief und dabei den anwesenden Mitgliedern seines Kabinetts und den Vertretern der 89 russischen Regionen und Föderationssubjekte sieben konkrete Maßnahmen zur Abwehr der terroristischen Gefahr vortrug. Gleich der erste Punkt war ein Paukenschlag: Künftig solle der Präsident selber alle Gouverneure und Leiter der Gebietskörperschaften vorschlagen. Auf diese Weise werde die Exekutivvertikale, die Konzentration der Entscheidungsstränge im Kreml, gestärkt und der Weg für ein einheitliches Handeln von Zentrum und Regionen geebnet. Für die Dumawahlen will Putin zum reinen Verhältniswahlrecht übergehen. Bisher wird noch die Hälfte der 450 Abgeordneten in Direktwahlkreisen gewählt – mit der Folge, dass dem russischen Parlament bislang regelmäßig einige Dutzend parteiunabhängiger und selbständig agierender Abgeordneter angehörten. Diese wird es dann in Zukunft nicht mehr geben. Fast als sei er selber ein wenig über diese beiden Machtzentralisierungsschritte erschrocken, kündigte der Präsident quasi als Ausgleich die Bildung einer „Gesellschaftlichen Kammer" an. Hier soll ein breiter Dialog stattfinden, Experten sollen wichtigere Gesetzesinitiativen prüfen und Vertreter der Bürgerschaft in Zukunft die Arbeit des Staatsapparates, der Rechtsschutzorgane und auch der Sonderdienste kontrollieren.

Der Präsident reagiert also mit einer Ausweitung seiner persönlichen Macht und mit einer Änderung des Wahlsystems, das die Duma, die ohnehin schon von der „Partei der Macht" mit Zweidrittelmehrheit dominiert wird, noch besser kontrollierbar macht und die Vertretung regionaler Interessen erschwert. Diese gravierenden Veränderungen des politischen Systems sind mit der Terrorgefahr nicht zu begründen. Putin hat vielmehr die Gunst der Stunde genutzt, um schon länger gehegte und auch offen diskutierte Pläne zur Stärkung der so genannten „Machtvertikale" im Schatten von Beslan durchzuziehen. Im Ausland haben gerade diese Maßnahmen Sorgen und Kritik ausgelöst. Daran konnte auch die Ankündigung der „Gesellschaftskammer", deren Konturen zunächst noch unscharf blieben, nichts ändern.

Drei weitere Maßnahmen betreffen den eigentlichen Sicherheitsbereich. Über einen umfangreichen Präsidentenerlass versucht Putin, das gesamte russische Sicherheitssystem zu vereinheitlichen. Es soll als Krisenreaktionssystem mit entsprechenden Aktionsplänen einsatzfähiger gemacht werden. Nach anfänglicher Weigerung übernimmt der Präsident jetzt auch die Forderung, die Vorgänge in Beslan in einem besonderen Parlamentsausschuss untersuchen zu lassen. Wenig stimmig zu diesen Reformaufträgen für den Sicherheitsapparat wirkt dabei Putins Bekenntnis, er werde den Aufbau von örtlichen Bürgerwehren unterstützen. Die dritte Ankündigung in diesem Zusammenhang führte ebenfalls zu besorgten Reaktionen im Ausland: Der Präsident bestätigte, was schon zuvor der russische Generalstabschef Balujewskij angedeutet hatte, nämlich dass Russland künftig dem amerikanischen Vorbild folgen und sich das Recht auf bewaffnete Erstschläge („preemptive strikes") gegen Terroristenstellungen im Ausland herausnehmen werde.

Im Dunkeln bleibt, welche denkbaren Ziele der Kreml dabei im Auge hat. Sollte es zum Beispiel das Pankisi-Tal in jener unzugänglichen Bergregion im tschetschenisch-georgischen Grenzgebiet sein? Dort versammeln sich angeblich tschetschenische Aufständische und Terroristen immer wieder zur Erholung und Neugruppierung. Ein solcher unabgesprochener Militärschlag würde das nach dem georgischen Regierungswechsel ohnehin gespannte Verhältnis zwischen Moskau und Tblissi sehr wahrscheinlich in eine ernsthafte Krise stürzen. Andere Praktiken gewaltsamer „Präemption" haben bisher für Russland nur Schaden angerichtet. So ermordeten am 13. Februar 2004 zwei russische Geheimdienstleute den tschetschenischen Interimspräsidenten von 1996/97 Zelimchan Jandarbijew durch einen Bombenanschlag in Katar. Die Attentäter wurden gefasst und am 30. Juni desselben Jahres zu lebenslanger Haft verurteilt, einen Tag vor Weihnachten dann allerdings nach Moskau überstellt. Dieser völkerrechtswidrige Akt hat Russlands Ansehen in der arabischen Welt erheblich geschadet. So bleibt noch als günstigste Deutung der Präemptionsdrohung, dass sie in einer bedrängten Lage eine gezielte Gleichsetzung

Russlands mit dem Terrorzielland USA demonstrieren und als Pose genereller militärischer Interventionsfähigkeit ohne konkrete Zielplanung verstanden sein will.

Mit der siebten Maßnahme wendet sich der Kremlchef dem Nordkaukasus zu und nennt ihn „eine der wichtigsten strategischen Regionen Russlands". Ausgerechnet dort konstatiert der Präsident eine miserable Sozial- und Wirtschaftslage, geprägt von massiver Arbeitslosigkeit, einem schlechten Einkommensniveau und einer hohen Kindersterblichkeitsrate. Und dann folgen offene, selbstkritische Worte zu den Zusammenhängen von Rückständigkeit und Terror: „Im Kampf gegen Erscheinungen des Terrorismus haben wir praktisch keine sichtbaren Ergebnissen erzielt. Keine sichtbaren Resultate gibt es vor allem bei der Liquidierung der Quellen des Terrors. Die Wurzeln des Terrors liegen jedoch sowohl in der Massenarbeitslosigkeit als auch in der mangelnden Sozialpolitik, im niedrigen Bildungsniveau der heranwachsenden Generation und bisweilen in der fehlenden Möglichkeit, eine Ausbildung zu bekommen. All dies ist guter Nährboden für die extremistische Propaganda, die Ausweitung von Terrorherden und die Anheuerung neuer Terroranhänger." Damit dies anders wird, kündigt Putin die Gründung einer „Föderalen Kommission für den Nordkaukasus" an, mit Querschnittsbefugnissen im Wirtschafts-, Sozial- und Sicherheitsbereich. Die Ernsthaftigkeit dieser Maßnahme unterstreicht der Präsident damit, dass er einen seiner engsten und fähigsten Vertrauten, den bisherigen Leiter des Präsidialapparates Dmitrij Kosak, zum neuen Präsidentenbevollmächtigten im Föderationsbezirk Süd macht und ihm gleichzeitig die Verantwortung für die neue Nordkaukasusinitiative überträgt.

Damit hatte der russische Präsident nur zehn Tage nach

dem Ende des Geiseldramas in Beslan seine politischen Antworten auf die Serie der Anschläge präsentiert. Diese Antworten zeigen, dass die Woche des Terrors Wladimir Putin nicht zu einem politischen Kurswechsel veranlasste, wohl aber zur beschleunigten Umsetzung einer Transformation des politischen Systems, die der Präsident schon unmittelbar nach seiner ersten Wahl im Frühjahr 2000 begonnen hatte. Ganz offensichtlich fühlte sich Putin durch die blutigen Spätsommerereignisse von 2004 in der Richtigkeit seiner Vorstellungen von einem handlungsfähigen russischen Staatswesen bestätigt. Nach Beslan machte sich eine zügige Gesetzgebung daran, diese Vorstellungen Wirklichkeit werden zu lassen.

Von der „gelenkten" zur „autokratischen" Demokratie?

Präsident ohne Hausmacht

Als Wladimir Putin am 26. März 2000 mit fast 53 Prozent der Stimmen zum zweiten Präsidenten der Russischen Föderation gewählt wurde, trat er ein schwieriges Erbe an. Seinen steilen Aufstieg hatte er seinem Vorgänger Boris Jelzin zu verdanken: Der hatte ihn im Juli 1998 zum Chef des Föderalen Sicherheitsdienstes (FSB) gemacht, ihn ab dem 1. August 1999 als Ministerpräsidenten ins Rennen geschickt und ihm dann am letzten Tag des Jahres 1999 sein Amtszimmer im Kreml übergeben, so dass Putin als „amtierender Präsident" in den knapp dreimonatigen Wahlkampf ziehen konnte. Aus seiner Sicht hatte Jelzin seine Nachfolge zufriedenstellend gelöst: Er hatte einen erstklassigen Verwaltungsfachmann gefunden, der seine „Proben“ bestand, über keine eigene Hausmacht verfügte und deshalb noch lange auf die Zusammenarbeit mit den Jelzin-Leuten angewiesen sein würde. Außerdem hatte er dem scheidenden ersten Präsidenten Russlands per Erlass Straffreiheit zugesichert.

Im Westen hat Boris Jelzin seinen Nimbus als heldenhafter Verteidiger der russischen Demokratie, der im August 1991 bei der Abwehr des sowjetnostalgischen Putsches entstanden war, nie ganz verloren, auch nicht, nachdem er im Oktober 1993 das „Weiße Haus“ mit den darin verschanzten aufsässigen Parlamentariern mit Waffengewalt hatte erobern lassen. Aber in Russland zogen die Menschen eher eine düstere Bilanz seiner Amtszeit. Sie hatten einen immer kränker und schwächer werdenden Präsidenten erlebt, der sich nie auf eine parlamentarische Mehrheit stützen konnte. In seiner Personalpolitik hatte er immer wieder versucht, die verschiedenen Machtzentren auszubalancieren. Gegen Ende seiner Amtszeit stiftete er mit seiner unberechenbaren Hire-and-Fire-Praxis geradezu Verwirrung. Vor allem aber stand die Ära Jelzin für den weltpolitischen Abstieg der einst mächtigen Sowjetunion zu einem russischen Staat, dessen Zukunft und Bestand nicht gesichert schien. Recht und Gesetz galten manchmal schon wenige Kilometer von der Hauptstadt entfernt nichts mehr. Viele der 89 Republiken und Gebiete der Föderation tanzten der Zentralregierung auf der Nase herum. Unvorbereitete Reformen, eine überfallartige Einführung der Marktwirtschaft, mit „wilden“ Privatisierungsprozessen und dem Auftauchen einer sich provokativ selbst darstellenden Schicht von „Neureichen“ („Neue Russen“), während große Teile einer orientierungslosen Mehrheit in Armut versanken und sich einer wachsenden organisierten Kriminalität ausgesetzt sahen: All dies führte dazu, dass eine Mehrzahl der Bevölkerung am ehesten die Erfahrung von Abstieg und „Chaos" mit der Jelzin-Ära in Verbindung brachte.

Man darf nicht vergessen, wie gefährlich es war, dass die Mehrheit der Russen in den 90er Jahren die neue Demokratie in erster Linie als Verlust persönlicher und beruflicher Sicherheit erfuhr. Den absoluten Tiefpunkt stellte dabei die katastrophale Finanzkrise vom August 1998 dar, bei der Millionen von Russen ihre Ersparnisse verloren und buchstäblich von vorne anfangen mussten. In der Zeit danach wuchs erst recht die Wut auf die für das Jelzin-Russland typische Kumpanei von Staatsbürokratie und privatem Business. Es war eine Art von Joint Venture, das bei der Aneignung und Ausplünderung von Bodenschätzen, Industrieanlagen und Werten des Landes Halbe-Halbe machte.

Schon im Wahlkampf hatte Wladimir Putin die Devise von der Demokratie als „Diktatur des Rechts" ausgegeben und damit im eigenen Land viel Zustimmung gefunden, während westliche Beobachter die Stirne runzelten. Ein Programm, das der „Wildheit" der 90er Jahre Schranken setzen sowie die Verfassung und die Gesetze der Zentralregierung für alle Teile des Landes verbindlich machen wollte und mehr Sicherheit gegen Willkür versprach, konnte auf Popularität hoffen.

Putin hatte genug Erfahrung mit Macht, um zu wissen, dass er sie, obwohl er gewählter Präsident war, erst noch erobern musste. Er machte sich entschlossen an diese Aufgabe, und zwar gleichzeitig auf ganz verschiedenen Ebenen: Im Machtapparat selber baute er sich schrittweise eine eigene Hausmacht auf, indem er ihm vertraute und loyale Personen in Schlüsselpositionen brachte. Indem er eine neue „Machtvertikale" einrichtete, stärkte er das Zentrum gegen die Regionen, deren Handlungsspielraum immer stärker eingeschränkt wurde. Und Putin strebte auch eine eigene Mehrheitsbasis in der Staatsduma an, ohne sich etwa darauf festzulegen, künftige Regierungen von einer parlamentarischen Legitimation abhängig zu machen.

Wir erleben einen Präsidenten, der zwar zunächst die Dominanz der Jelzin-Leute vor allem in der Präsidialadministration nicht antastet. Doch ansonsten gibt er immer mehr Führungsposten an Vertraute, auf deren Zuverlässigkeit und persönliche Loyalität er sich aufgrund früherer Erfahrungen verlassen kann. Das sind Leute, die er in seinen 17 Dienstjahren im Föderalen Sicherheitsdienst, der früher KGB hieß, oder während seiner Arbeitsjahre bei dem demokratischen Oberbürgermeister Anatolij Sobtschak in Sankt Petersburg kennen gelernt hat. Bei Putins langsam anwachsender Hausmacht kommen also die neuen Generationen von zwei ziemlich heterogenen Gruppen zusammen: Einerseits die so genannten „Silowiki“, die „Machtmenschen“ aus Geheimdienst, Militär und allen Apparaten mit Uniform, andererseits die „Petersburger Liberalen“ aus den gemeinsamen Zeiten am Ufer der Newa zwischen 1990 und 1996.

Wladimir Putin nutzt das Momentum seiner Wahl, um das russische Machtsystem zu reformieren und die auseinander driftenden 89 Regionen, die zusammen die Russische Föderation bilden und im Lande „Subjekte der Föderation“ genannt werden, an die Kandare zu nehmen. Am 13. Mai 2000 verfügt ein Präsidentendekret die Einteilung des Landes in sieben „Föderale Distrikte“, die jeweils 10 bis 15 Regionen umfassen. An die Spitze stellt Putin persönlich ernannte „Präsidentenbevollmächtigte“, die künftig vor Ort dem Willen des Kremls und den Gesetzen der Zentrale Respekt verschaffen sollen. Fünf der sieben auch „Generalgouverneure" genannten Putin-Statthalter sind Generäle – ein Zeichen, das verstanden wird. Parallel entmachtet der Präsident die Zweite Kammer des Parlaments, den Föderationsrat. Ab 2002 verlieren die Regierungs- und Parlamentschefs der Regionen das Recht, ihre Gebiete selber im Föderationsrat zu vertreten, und der Präsident darf sie bei Rechtsverstößen absetzen und die regionalen Parlamente auflösen. Eine konsequente Hierarchisierung der Apparate soll den Kampf gegen das von Jelzin ererbte „Chaos" aufnehmen und die Integrität der Russischen Föderation bewahren.

Freie Fahrt für den Reformer

Im August 2001 leitet Putin mit einem Gesetz eine Überprüfung des unübersichtlichen Parteiensystems ein. Alle der fast 190 bestehenden politischen Parteien müssen innerhalb von zwei Jahren mindestens 10 000 Mitglieder nachweisen, wenn sie ihre Neuregistrierung erreichen wollen. Noch bedeutsamer für die Zukunft wird, dass es Putin gelingt, aus drei der Parteien, die bei den Dumawahlen vom Dezember 1999 über die Fünf-Prozent-Hürde gekommen waren, unter dem Namen „Einiges Vaterland" eine synthetische „Partei der Macht" zur Unterstützung des Präsidenten zu formieren. Erstmals verfügt der Kremlchef jetzt über eine parlamentarische Mehrheit. Im Februar 2002 entsteht aus dem „Einigen Vaterland" das „Einige Russland" (Jedinaja Rossija) als Sammelbecken für alle, die bei der Verteilung von Posten und Funktionen unter dem neuen, seine Macht festigenden Präsidenten dabei sein wollen.

Am schwersten tut sich Putin im Umgang mit den mächtigen Wirtschaftsbossen. In der Jelzin-Zeit waren diese milliardenschweren Gewinner aus den undurchsichtigen Privatisierungsprozessen Mitte der 90er Jahre, in der Öffentlichkeit allgemein „Oligarchen“ genannt, nahe ans Zentrum der Macht herangerückt. Einige von ihnen hatten es geschafft, Mitglieder der „Familie“ zu werden, wie etwas romantisierend der Machtklüngel um Jelzin und seine Töchter genannt wurde. Zu dem Nachfolge-Deal mit dem ersten Präsidenten gehörte es eigentlich auch, die Oligarchen in Ruhe zu lassen. So war es nicht ohne Risiko, als Putin schon bald nach seiner Wahl mit der Steuerpolizei und anderen Mitteln gegen zwei besonders einflussreiche dieser Magnaten vorging, nämlich gegen Wladimir Gusinskij und Boris Beresowskij. Letztlich gelang es, beide außer Landes zu treiben und ihnen die zwei landesweit ausstrahlenden Fernsehsender, Gusinskijs NTW und Beresowskijs ORT, aus der Hand zu nehmen und quasi unter staatliche Kontrolle zu bringen. Die dadurch entstandene Unruhe in den Wirtschaftkreisen beantwortet Putin fortan sehr geschickt. Er organisiert einen regelmäßigen Dialog mit dem mächtigen „Russischen Industriellen- und Unternehmerverband“, bei dem eine wechselseitige Abgrenzung von Interessen gelingt. Es wird dann bis zum Oktober 2003 dauern, bis mit dem Fall Chodorkowskij ein neuer, exemplarischer Konflikt Präsident–Oligarch eskaliert.

Als Wladimir Putin Ende 1999 wie ein Komet am russischen Machtfirmament aufgetaucht war, konnte ihn kaum jemand einschätzen. Er kam ins Amt – von Jelzins Gnaden und mit fast nichts in seinen Händen als seinen beruflichen Erfahrungen. In seiner ersten Amtszeit entpuppte sich aber dieser angebliche Nobody auf dem Präsidentenstuhl als professioneller Machtpolitiker: Er entledigte sich der ihm von Jelzin angelegten Fesseln und schwamm sich politisch frei. Er legte die Fundamente einer auf persönlicher Loyalität aufgebauten eigenen Hausmacht. Er „sammelte die russischen Lande" und stoppte die zentrifugalen Bewegungen der Regionen durch seine „Machtvertikale". Er schuf sich in einem Gründungsakt von oben eine eigene „Partei der Macht" mit Mehrheit in der Staatsduma. Und er führte einen ersten zielsicheren Schlag gegen die Oligarchenmacht dort, wo sie sich eine gefährliche Mediengegenmacht aufgebaut hatte.

Für alle diese Maßnahmen erhielt Putin zu Hause mehrheitlich Beifall. Die Leute sahen in ihm in allem ein Gegenstück zu Jelzin: In seiner asketischen Arbeitswut, in seiner Berechenbarkeit, in seiner Entschlossenheit, mit dem Laissez-faire und dem „Chaos" der Jahre davor aufzuräumen, und in seiner Botschaft, dass eine demokratische Zukunft des Landes zunächst einmal ein wirtschaftlich stabiles und starkes Russland zur Voraussetzung habe.

Der neue Präsident konnte dabei glaubhaft machen, dass für ihn Machtgewinn kein Selbstzweck ist. Er brauchte diese Macht und gebrauchte sie dazu, um seine Rolle als „Ingenieur des Systemwechsels" (Margareta Mommsen) auszufüllen. Es ist schon ein Respekt einflößendes Reformpaket, das Wladimir Putin und seine Mannschaft schnürte: Mit der Abkehr von der Schuldenwirtschaft zu einer liberalen, stabilitätsorientierten Wirtschaftspolitik, mit der Reform der Steuergesetze und Zollvorschriften; mit der schrittweisen Deregulierung und Entbürokratisierung bei den Arbeitsbedingungen für die Unternehmen; mit dem neuen Konkursrecht; mit dem Einstieg in eine Liberalisierung des Stromsektors; mit der Justizreform, die zumindest auf der unteren Ebene unabhängigere und professionellere Gerichte schuf und Verteidigerrechte stärkte; und mit einer Neuregelung der Altersversorgung.

Früher gab es in Regionen, in denen die Lohn- und Gehaltszahlungen manchmal monatelang ausblieben, regelrechte Aufstände. Noch vor wenigen Jahren trugen die Vertreter ausländischer Firmen ellenlange Klagen über die administrativen Hindernisse für ihre Geschäfte vor. Solche Proteste und Klagen verschwanden in der Amtszeit Putins allmählich. Andere Probleme blieben. Die mit weithin hörbaren Fanfarenstößen eingeleitete Verwaltungsreform des Kreml verrinnt bis heute in den Irrgärten der aktiv und passiv Widerstand leistenden Bürokratie. Auch die Bildung eines „Rats für Bekämpfung der Korruption" im November 2003 hat bisher zu wenig Erfolg bei der Beseitigung dieses gesellschaftlichen Krebsgeschwürs geführt: Im selben Jahr stufte „Transparency International" Russland bei der Korruption zusammen mit Mosambik auf Rang 86 ein (hinter Rumänien und vor Algerien und dem Jemen), ein Jahr später landete Moskau zusammen mit Indien, Nepal, Tansania und Gambia sogar auf einem schmachvollen 90. Platz.

Die russische Wirtschaft erholte sich aber nach dem Desaster vom August 1998 erstaunlich rasch und konnte bei Zuwächsen von durchschnittlich 6 Prozent im Jahr (2003: 7,3 Prozent) trotz relativ hoch bleibender Inflationsraten genug Spielraum für Nettolohnsteigerungen schaffen. Aus der Sicht der Bevölkerung stärkte der Präsident die internationale Rolle Russlands und machte das Land immer mehr zu einem Partner „auf gleicher Augenhöhe" mit der Weltmacht Amerika und der benachbarten Europäischen Union. Und so konnte Putin zuversichtlich den Dumawahlen im November 2003 und den Präsidentschaftswahlen im März 2004 entgegensehen.

Die nimmersatten Sieger

Die eigentliche Überraschung war dann auch nicht, dass Putins Machtpartei „Einiges Russland" bei den Parlamentswahlen am 7. Dezember 2003 die Nase vorn hatte. Da diese Partei sich programmatisch auf die Aussage „Wir stützen den Präsidenten!" konzentrierte, holte sie sich die Zustimmung und Unterstützung für die Politik Putins in Form von Wählerstimmen ab, obwohl sie zu keinem Zeitpunkt ein eigenes inhaltliches Profil entwickelt hatte. Schwer nachzuvollziehen war aber, mit welchen Mitteln der Präsidentenapparat diesen Erfolg meinte absichern zu müssen. Die zurückgewonnene Kontrolle über die Medien und alles, was die so genannten „administrativen Ressourcen" hergaben, wurde eingesetzt, um die Oppositionsparteien der Kommunisten und der beiden liberal-demokratischen Gruppierungen „Jabloko" und „Union der Rechten Kräfte" bei den Wählern zu diskreditieren. Am Ende kam eine Duma mit nur noch vier Fraktionen heraus: Putins „Einiges Russland" hatte 37 Prozent der Wählerstimmen erreicht, die „Kommunistische Partei der Russischen Föderation" beklagte mit ganzen 12,7 Prozent einen historischen Tiefststand. Die „Liberal-Demokratische Partei Russland" des rechtsnationalistischen, im Zweifelsfall und bei ausreichender Bezahlung den Kreml aber immer unterstützenden Raufboldes Wladimir Schirinowskij kam auf 11,6 Prozent. Die erst kürzlich gegründete linksnationalistische Formation „Rodina" (Vaterland), die den Kommunisten Stimmen abjagen sollte, landete bei etwas mehr als 9 Prozent. Die beiden demokratischen Oppositionsparteien scheiterten an der Fünf-Prozent-Hürde. Die Wahlbeobachter der OSZE werden dann feststellen, dass der Wahlgang selber in Ordnung, der vorhergehende Wahlkampf allerdings keineswegs fair verlaufen sei.

Bei der Konstituierung der Duma stellte sich heraus, dass nach der üblichen Orientierungsphase der unabhängigen, in den Wahlkreisen direkt gewählten Abgeordneten und bei der großen Sogwirkung der „Partei der Macht“ Putins „Jedinaja Rossija“ über 306 von 450 Sitzen verfügte. Das bedeutete die absolute Mehrheit, die auch für Verfassungsänderungen ausreichte.

Die neue Mehrheit nutzte ihre Machtposition in absolut rücksichtsloser Weise. Sie änderte die Geschäftsordnung der Duma zulasten der kleineren Fraktionen und der fraktionslosen Abgeordneten. Konnten Letztere bisher mit einer Anzahl von 35 Abgeordneten eine eigene Fraktion bilden, wurde diese Schwelle jetzt willkürlich auf 55 heraufgesetzt – gerade über dem Maximum, das die verbliebenen unabhängigen Dumamitglieder hätten aufbringen können. „Einiges Russland“ sicherte sich den Vorsitz in allen Parlamentsausschüssen und auch die absolute Mehrheit im Duma-Präsidium. Wer Ende 2003/Anfang 2004 die Aktivitäten der neuen Duma beobachtete, in der nun Putins Partei über eine von niemandem infrage gestellte absolute Mehrheit verfügte, der musste das Gefühl bekommen, Russlands Zukunft hänge davon ab, dass die ohnehin an den Rand gedrängten Oppositionsfraktionen definitiv auf Null gebracht und auf Dauer von jeder sinnvollen Mitwirkung im Parlament abgeschnitten würden.

Zu diesem Eindruck passte, dass in der Öffentlichkeit und im Parlament nach kurzer Zeit eine Diskussion über neue gesetzliche Regelungen begann. Vorschläge, gleich die Verfassung zu verändern, um Putin eine dritte Amtszeit zu ermöglichen, wurden nach einem Kopfschütteln des Begünstigten erst einmal zur Seite gelegt. Dann ging es um Pläne, die bisherige Fünf-Prozent-Hürde auf sieben oder zehn Prozent heraufzusetzen und die geltende Kombination zwischen Mehrheits- und Verhältniswahlrecht für die Duma zu verändern. Bei den nächsten Parlamentswahlen im Jahr 2007 soll ein reines Verhältniswahlrecht zur Anwendung kommen. Es wird also nur nach Parteilisten gewählt, so dass parteiunabhängige Kandidaten keine Chance mehr haben. Am 3. Dezember 2004 beschloss die Duma schließlich ein neues Parteiengesetz und setzte die Mindestmitgliederzahl für eine Parteiregistrierung, auch für alle bestehenden Parteien, auf 50 000 herauf. Offiziell waren diese gesetzlichen Veränderungen mit den Ereignissen von Beslan begründet worden. Was die neuen Wahl- und Parteiengesetze im Kampf gegen den Terrorismus helfen können, kann allerdings niemand plausibel machen. Es sei denn, es geht darum, die dominierende Position der jetzigen Machtpartei zu zementieren und sozusagen nach hinten, auch gegen potentielle neue Parteibildungen, administrativ abzuschirmen. Der Machtapparat scheint von einer rückwirkenden Gültigkeit dieser Gesetzesänderungen auszugehen. Anders ist nicht zu erklären, dass den wenigen noch verbliebenen unabhängigen Abgeordneten der Duma das Leben immer unerträglicher gemacht wird und zum Beispiel Wladimir Ryschkow, ein Oppositioneller mit langjährigen Westkontakten, seit Herbst 2004 zunehmende Schikanen und organisierte Kampagnen gegen seine Person, auch in seinem Wahlkreis, ertragen muss.

Dasselbe Bild einer Kampagne, die mit allen Mitteln auf Nummer Sicher geht, bot sich auch bei den Präsidentschaftswahlen. Es hätte ein netter Spaziergang werden können, denn die Dumawahlen vom Dezember 2003 hatten ja deutliche Signale für die breite Zustimmung zur Politik Putins ausgesandt, dem obendrein kontinuierlich gute Umfrageergebnisse bis an die 70-Prozent-Grenze eigentlich hätten Sicherheit geben sollen. Was aber dann passierte, ließ eher auf Verunsicherung als auf Souveränität schließen: Wieder leisten die Apparate und kontrollierten Medien ganze Arbeit, was die einseitige Bevorteilung des Amtsinhabers anging. Potentiell ernsthafte Mitkonkurrenten werfen schon frühzeitig wegen der Aussichtslosigkeit das Handtuch, die übrig bleibenden, wenig charismatischen Bewerberinnen und Bewerber produzieren noch am ehesten Schlagzeilen bei ihrem Kampf gegen nicht enden wollende Schikanen, die schon bei ihrer Registrierung beginnen. Und der Präsident selber verweigert jede gemeinsame öffentliche Diskussion und jeden gemeinsamen Fernsehauftritt mit seinen Herausforderern. Am 14. März 2004 siegt Putin mit 71,2 Prozent der Stimmen an einem Wahltag, an dem 64,3 Prozent der Wahlberechtigten zur Wahl gehen. Unter den fünf anderen Kandidaten schneidet das KP-Mitglied Nikolaj Charitonow mit 13,7 Prozent noch am besten ab. Die internationalen Wahlbeobachter verzeichnen keine nennenswerten Störungen, wiederholen aber ihre Kritik an dem vermachteten und „nichtfairen" Wahlkampf.

Nach dem Anschlag von Beslan wandte sich Präsident Putin, wie schon berichtet, erneut dem Thema der „Machtvertikale" zu und schlug vor, zur „Stärkung der Einheit des Landes" die Gouverneurswahlen in den Regionen abzuschaffen und durch ein Ernennungsrecht des Präsidenten zu ersetzen. Die regionalen Parlamente müssen den Personalvorschlag des Präsidenten zwar bestätigen, riskieren bei dreimal wiederholter Ablehnung aber ihre Auflösung durch diesen. Jederzeit kann der Präsident Gouverneure absetzen, die „sein Vertrauen verloren" haben. Putin hatte diesen tiefen Eingriff in die föderalistische Struktur Russlands, der nach Meinung einiger Kritiker gegen die russische Verfassung von 1993 verstößt, bei der erweiterten Kabinettssitzung am 13. September 2004 vorgeschlagen – und schon am 3. Dezember desselben Jahres stimmte die Duma dem entsprechenden Gesetz zu, das am 12. Dezember 2004 in Kraft trat.

Inzwischen haben Diskussionen darüber begonnen, ob es bei dieser Änderung bleiben kann oder sie nicht eher den Auftakt zu einer umfassenden territorialen und administrativen Neuordnung der Russischen Föderation darstellen sollte. Tatsächlich ergeben sich durch die Abschaffung der Gouverneurswahlen erhebliche Ungereimtheiten. Die beiden größten russischen Städte, Moskau und Sankt Petersburg, sind Subjekte der Föderation, in Zukunft entscheidet also der Präsident über ihre Oberbürgermeister. Bisher aber behalten alle anderen Städte das Recht, ihre Stadtoberhäupter selber zu wählen, was man als Herabsetzung oder gar Diskriminierung von Moskau und Sankt Petersburg ansehen kann. Wie zu erwarten bringen die Gouverneure bereits den Vorschlag ins Spiel, ganz im Sinne einer stringenten Machtvertikale selber das Recht zu erhalten, in ihren Städten die Bürgermeister vorzuschlagen. Andere wollen dem Präsidenten zusätzlich das Recht einräumen, zumindest bei allen Städten über 300 000 Einwohner den Oberbürgermeister zu ernennen. Ohnehin liegt seit längerem die Forderung der beiden nationalistischen Parteiführer Schirinowskij und Rogosin auf dem Tisch, Russland in einen unitaren Staat mit etwa 30 Gouvernements umzuwandeln und dabei alle bisherigen, ethnisch weitgehend homogenen Republiken abzuschaffen. Es sieht so aus, als hätten die Ereignisse von Beslan nicht nur erhebliche, inzwischen zum Teil bereits beschlossene Veränderungen im russischen Staatsaufbau zur beschleunigten Umsetzung gebracht. Sie haben auch eine an die Substanz gehende Verfassungsdebatte forciert, über deren Ausgang bisher nur spekuliert werden kann.

Die gefesselte Kraft der Zivilgesellschaft

Als Präsident Putin seine Schlussfolgerungen aus der Tragödie von Beslan zog, fiel ihm nicht nur ein, durch neue Gesetze das Parteiensystem und die Dumawahlen besser unter Kontrolle zu bringen und die Oberhäupter der Regionen endgültig vom Moskauer Kreml abhängig zu machen – zu diesen politischen Änderungen benötigte er weniger als drei Monate. Zu dem „Nach-Beslan-Paket“ vom 13. September 2004 gehörte auch die Ankündigung, mit der Bildung einer „Gesellschaftlichen Kammer“ (Obschtschestwennaja Palata) der russischen Zivilgesellschaft neue Wirkungsmöglichkeiten einzuräumen. In welche Richtung diese Initiative gehen soll, lässt sich an einem Gesetzentwurf ablesen, den der Präsident selber in der Staatsduma einbrachte und der im Frühjahr 2005 verabschiedet werden soll.

Nach diesem Entwurf hätte die Gesellschaftskammer 126 Mitglieder, die dort ehrenamtlich und ohne parteipolitische Bindung tätig würden. Putin behält sich vor, 42 Persönlichkeiten selber vorzuschlagen. Dieses erste Drittel der Kammermitglieder soll dann weitere 42 Repräsentanten aus den gesellschaftlichen Organisationen Russlands wählen. Das restliche Drittel soll von den Regionen entsandt werden. Die Gesellschaftskammer erhält einen doppelten Auftrag: Sie soll gesellschaftliche Initiativen aufgreifen und daraus gegebenenfalls Gesetzesvorschläge für die Staatsduma formulieren sowie Stellungnahmen zu den Gesetzentwürfen des Parlaments abgeben. Sie soll aber auch das Recht erhalten, an den Sitzungen des Kabinetts, von Ministerien und Regierungsbehörden, unter Einschluss der „Machtministerien" und des FSB, teilzunehmen. Schließlich wurde der Kammer übertragen, die zur Finanzierung der zivilgesellschaftlichen Organisationen vorgesehenen Staatsgelder in Zukunft in Form einer Art Selbstverwaltung zu verteilen.

Ein solcher Vorschlag regt die Phantasie an. Die „Gesellschaftliche Kammer" könnte zu einer völlig neuen Qualität gesellschaftlicher Initiative und Kontrolle werden, genauso gut aber auch auf die Funktion eines zivilgesellschaftlichen Feigenblatts für die immer straffer organisierte präsidiale Machtvertikale reduziert werden. Darüber entscheiden werden die Details des Gesetzes und seine Handhabung in der Praxis. Der Vorschlag kann aber als typisch gelten für Präsident Putins Umgang mit Nichtregierungsorganisationen und für seine Erwartungen an die Zivilgesellschaft.

Bisher hat der Präsident tatsächlich kaum eine Gelegenheit ausgelassen, der russischen Zivilgesellschaft seine Reverenz zu erweisen und ihr Unterstützung zu versprechen. In der Nacht seiner Wiederwahl am 14. März 2004 wählte Putin dafür folgende Worte: „Ich verspreche Ihnen, dass die demokratischen Errungenschaften unseres Volkes unbedingt gesichert und garantiert werden. Dabei werden wir nicht bei dem Erreichten stehen bleiben. Wir werden das Mehrparteiensystem stärken. Wir werden die Zivilgesellschaft stärken und alles tun, um die Freiheit der Medien zu sichern." Und am 7. Mai 2004, bei seiner Amtseinführung, begründete der Staatspräsident noch einmal deutlich diese Position: „Wir brauchen eine breite Basis der Unterstützung, um die Reformen im Lande fortzusetzen. Ich bin davon überzeugt, dass eine reife Zivilgesellschaft die beste Garantie für solche Kontinuität bildet. Nur freie Menschen in einem freien Land können wirklich erfolgreich sein. Das ist die Grundlage sowohl des wirtschaftlichen Wachstums Russlands als auch seiner politischen Stabilität."

Zu diesem Zeitpunkt hatten die russischen Nichtregierungsorganisationen (NGOs) schon einige Erfahrungen mit dem Präsidenten sammeln können. In Russland sind offiziell etwa 170 000 zivilgesellschaftliche Organisationen registriert. Man schätzt, dass vielleicht 70 000 davon tatsächlich Aktivitäten entfalten und dabei bis zu 20 Millionen Menschen erreichen – vor allem im Bereich von Fragen des Verbraucherschutzes, der Umweltprobleme und bei Kultur- und Bildungsthemen. Am bekanntesten, auch über die Grenzen des Landes hinaus, wurden allerdings die Sprachrohre einer kritischen Menschenrechts- und Bürgerbewegung wie die Gesellschaft „Memorial", das Moskauer Helsinki-Komitee, die Soldatenmütter und andere. Im November 2001 begann mit dem Moskauer „Bürgerforum", an dem etwa 5000 Vertreter verschiedenster russischer NGOs teilgenommen hatten und bei dem Wladimir Putin auch persönlich auftrat, eine Art institutionalisierter Dialog mit dem Präsidenten. Von da an fanden alljährlich solche Foren der Zivilgesellschaft statt, nicht nur in Moskau, sondern auch in den Regionen. Sie wurden stets begleitet von aufmerksamen, kremlnahen „Polittechnologen", und mit der „Narodnaja Assambleja" (Volksversammlung) schuf man sich eine eigene Vertretungs- und Repräsentationsmöglichkeit.

Die Erfahrungen mit der Obrigkeit bleiben zwiespältig. Putin misstraut der Bürokratie und den Parteien, er weiß, dass die zivilgesellschaftlichen Organisationen wie Seismographen gesellschaftliche Trends und Stimmungen registrieren und auf den Punkt bringen können. Ihm ist auch bewusst, dass Nichtregierungsorganisationen zahlreiche Aufgaben ausfüllen und Dienstleistungen erbringen, ohne die moderne Gesellschaften nicht funktionieren und die staatlicherseits nur durch einen unverhältnismäßigen Aufwand wahrgenommen werden können. Diese Einsicht spiegelt sich auch in dem deutsch-russischen Projekt des „Petersburger Dialogs", den der russische Präsident gemeinsam mit dem deutschen Bundeskanzler im Jahr 2001 auf den Weg gebracht hat, um die Zivilgesellschaften beider Länder für einen intensiven Austausch und zur Durchführung gemeinsamer Projekte zusammenzubringen.

Aber gleichzeitig möchte Wladimir Putin seiner Zivilgesellschaft keine gesicherte Grundlage für ihr Handeln gewähren, sie lieber in einer gewissen Unsicherheit belassen und ihr Autonomiestreben in die Schranken weisen. Man erkennt dies an dem Scheitern aller Versuche, mit einem Finanzierungsgesetz die materiellen Grundlagen russischer Nichtregierungsorganisationen zu klären, und an der beständigen Drohung, die von den russischen Steuergesetzen für die NGOs ausgehen: Würde ernst gemacht mit der eigentlich fälligen 23-Prozent-Abgabe auf alle Einkünfte, wären viele, auch gemeinnützig tätige Organisationen am Ende. In diesem Kontext hat eine Passage in Putins Rede zur „Lage der Nation" vom 26. Mai 2004 die Ratlosigkeit der Betroffenen sogar noch verschärft. Da heißt es: „In unserem Land existieren und arbeiten konstruktiv Tausende von Bürgervereinigungen und Bürgerverbänden. Bei weitem nicht alle sind jedoch darauf aus, die realen Interessen der Bürger zu verteidigen. Für einen Teil dieser Organisationen gehört es zur vorrangigen Aufgabe, sich durch einflussreiche ausländische Stiftungen finanzieren zu lassen.

Die anderen bedienen zweifelhafte Gruppen und kommerzielle Interessen."

Die Botschaft war klar: Der Präsident will weder ein Sponsoring etwa durch politische Stiftungen des westlichen Auslands (ohne deren Mittel die russischen Menschenrechtsorganisationen heute gar nicht mehr bestehen könnten) noch eine Querverbindung zwischen den NGOs und dem heimischen oligarchischen Business, zumal wenn dieses aus Sicht des Kremls als „zweifelhaft" erscheint. Etwas Drittes existiert aber in Russland bisher noch nicht. So fehlen für eine materielle Absicherung von zivilgesellschaftlichem Engagement durch Mitgliedsbeiträge und Privatspenden in Russland die Tradition und die wirtschaftlichen Rahmenbedingungen.

Putins Plan für die „Gesellschaftliche Kammer" steht insofern für sein insgesamt widersprüchliches Verhältnis zur russischen Zivilgesellschaft. Er will die Ideen und die Kreativität aus dem bürgerschaftlichen Engagement nutzen. Er will der Zivilgesellschaft sogar Kontrollrechte antragen, über die die kaltgestellte Opposition innerhalb und außerhalb der Duma nicht mehr verfügt – doch vorsichtshalber soll die personelle Zusammensetzung dieses Gremiums unter seiner Kontrolle bleiben. Ein besseres Exempel für das, was in Russland „gelenkte Demokratie" heißt, könnte man schwer erfinden. Wo aber Gesellschaft eine staatliche Veranstaltung bleibt, und dieser Trend hat sich in den Jahren zwischen 2003 und 2005 in Russland verstärkt, da bleibt sie gefesselt. Sie wird die häufig beschworene Mobilisierung von Kraftreserven als Antwort auf die neuen politischen Herausforderungen wohl kaum auslösen können.

Der Stimmungswandel im Ausland

Am 28. September 2004 wurde ein „Offener Brief an die Staats- und Regierungschefs der Europäischen Union und der NATO" veröffentlicht, in dem etwa 115 westliche Politiker, Abgeordnete und Wissenschaftler heftige Kritik an der Politik Putins und an der angeblichen Umarmungspolitik westlicher Führungsfiguren gegenüber dem russischen Präsidenten üben. Diese Initiative, die offensichtlich in einem amerikanischen Sympathisantenkreis des seit Oktober 2003 inhaftierten russischen Oligarchen Michail Chodorkowskij entstanden ist, markiert einen Stimmungsumschwung: nicht wegen seiner Kritikpunkte, sondern wegen der auffälligen und breiten Unterstützung, die diese Putinschelte erhielt, und wegen der ebenso auffälligen öffentlichen Aufmerksamkeit, die dem Text zuteil wurde. Offensichtlich führte regelrechte Wut die Feder der Autoren. Denn anders lassen sich die groben Übertreibungen und stellenweisen Missgriffe der Anklageschrift nicht erklären. Das Russland Putins wird in die Ecke einer Quasi-Diktatur gerückt, der Offene Brief wirft dem Präsidenten vor, echte oder vermeintliche Rivalen einzukerkern, unliebsame Kandidaten auf Wahllisten willkürlich zu streichen, die Energiesicherheit Europas zu bedrohen und internationale Vertragspflichten nicht erfüllen zu wollen. Aber trotz dieser unbelegten und in dieser apodiktischen Form auch kaum belegbaren Anwürfe finden sich durchaus bekannte und seriöse Namen bei den Unterzeichnern: etwa Wladyslaw Bartoszewski, Joseph Biden, Carl Bildt, Massimo d'Alema, Uffe Ellemann-Jensen, Bronislaw Geremek, André Glucksmann, Václav Havel, Richard Holbrooke, Bernard Kouchner, John McCain, Adam Michnik und andere.

Man fragt sich, was hier vorgeht. Als Bin Ladens Botschafter des Todes am 11. September 2001 Washington und New York heimsuchten, brannten wochenlang und bei weitem nicht allein in der westlichen Welt die Kerzen bei den Kondolenzbüchern für die Opfer. Eine praktisch geübte „uneingeschränkte Solidarität" legte sich schützend über alle politischen Reaktionen Washingtons, auch da, wo sie Irritationen auslösten. Diese breite Unterstützung für das angegriffene Amerika hielt lange an, über den Afghanistankrieg hinaus. Sie zerbröckelte erst, als Präsident Bush den Kampf gegen den Terrorismus mit dem Irakkrieg fortsetzen wollte.

Ganz anders nach der Geiselnahme in Beslan, die vor allem in Russland selbst häufig mit dem 11. September verglichen wird. Es gab Zeichen wie Schweigeminuten in Parlamenten, spontane Hilfsmaßnahmen und Spendenaktionen für die Opfer. Aber schon nach Präsident Putins Fernsehansprache am 4. September 2004 und stärker noch nach Bekanntwerden seiner Maßnahmen, die auf der erweiterten Kabinettssitzung am 13. September verkündet wurden, verdrängte eine Mischung aus Sorgen, Kritik und sogar Aggression die Solidarität mit den Opfern. Das lässt sich nur damit erklären, dass sich hier etwas über Jahre hinweg angestaut hat. Es wurde schon erwähnt, dass Putin äußerst geschickt auf die Terrorattacken des 11. September reagierte, indem er sich als verlässlicher Partner im weltweiten Antiterrorkampf profiliert und dafür mehr Verständnis für seinen Krieg im Kaukasus eingefordert hatte. Zwar haben die meisten westlichen Staats- und Regierungschefs die russische Kooperationsbereitschaft tatsächlich dankbar aufgenommen und seltener kritische Blicke auf die Tschetschenien-Szenerie geworfen, in Öffentlichkeit und Gesellschaft blieb dies aber anders. Dort kamen regelmäßig die detaillierten Berichte der

Menschenrechtsorganisationen an, dort erschienen Bücher von russischen Autoren und westlichen Korrespondenten, die schonungslos die russischen Übergriffe vor Ort und das Leiden der Bevölkerung thematisierten. Zuletzt mussten sich westliche Spitzenpolitiker immer häufiger für ihre nachsichtige Behandlung der russischen Tschetschenienpolitik rechtfertigen.

Die Nachrichten über die zunehmend autoritär gelenkte Demokratie stauten das Unbehagen weiter auf. Dem Westen erschloss sich die russische Binnenwahrnehmung vom Wechsel der Jelzin-Phase mit Chaos, Unsicherheit und Auflösung zur Putin-Phase mit Ordnung, Prosperität und nationalem Wiederaufstieg in keiner Weise. Er leitete aus den Oberflächen der 90er Jahre schon einen demokratischen Strukturwandel ab, der noch gar nicht stattgefunden hatte, schon gar nicht bei der Ausbalancierung des Machtgefüges. Boris Jelzin musste schon deshalb als Bollwerk der jungen russischen Demokratie herhalten, weil man die überdeutliche Unterstützung für ihn mit der Abwehr einer möglichen Rückkehr der Kommunisten legitimierte. Die Rigidität, mit der Wladimir Putin dann Macht einsammelte, um handlungsfähig zu werden, erschreckte die Außenbeobachter. Seine Politiksprache („gelenkte Demokratie", „Machtvertikale", „Diktatur des Rechts") ließ sich als Versuch der Verschleierungs seines Ziels denken, vordemokratische Zustände wiederherzustellen. Auf einen antikommunistischen Bonus, den man Jelzin vor allem 1996, als es knapp wurde, zusprach, konnte Putin nicht rechnen. Das verhinderte schon seine Zwittervergangenheit, mit der doppelten Sozialisation im sowjetischen Geheimdienst KGB einerseits und im Team des Petersburger Demokraten Sobtschak andererseits. Das verhinderte aber auch der Abstieg der Kommunistischen Partei zu seiner Zeit, so dass von außen die Duellkonstellation eher als „Putin contra Demokraten“ wahrgenommen wurde. Wahrnehmungen wirken auch, wenn sie aus falsch aufgehängten Spiegeln kommen. In der westlichen öffentlichen Meinung stimulierten sie jedenfalls eine wachsende Distanz zur Entwicklung in Russland.

Dass die Prioritätensetzung der westlichen Regierungen gebot, auf all diese Kritik eher beschwichtigend zu reagieren und dabei auf die unbestreitbaren Fortschritte bei der Stabilisierung Russlands unter Putins Regierung zu verweisen, hat den Aufstau von Unmut in den westlichen Gesellschaften nicht verringert. Dass dieses Unbehagen ausgerechnet unmittelbar nach der Tragödie von Beslan ausbricht, erscheint befremdlich, lässt sich aber mit dem berühmten Fass erklären, bei dem der letzte Tropfen zum Überlaufen führt.

Es war kein Zufall, dass sich in dem „Offenen Brief“ deutliche Hinweise auf den Fall Chodorkowskij befanden. Die Begleitumstände dieses Konflikts zwischen Präsident und Oligarch haben weltweit Sorgen verursacht und die negative Stimmung gegenüber Russland seit dem Herbst 2003 kontinuierlich ansteigen lassen. Diese Auseinandersetzung beleuchtet geradezu schlaglichtartig den Kampf um Macht und Modernisierung in Russland.

Der Fall Chodorkowskij: Ein exemplarischer Konflikt

Das Duell Präsident – Oligarch

Am Montag, den 29. September 2003, war der Konferenzsaal des vornehmen Adlon-Hotels in Berlin überfüllt. Alt-Außenminister Hans-Dietrich Genscher führte einen Gast aus Russland ein, den viele sich ganz anders vorgestellt hatten: den reichsten Mann Russlands, den „Oligarchen“ Michail Chodorkowskij. Ans Rednerpult trat ein fast zierlicher, schüchtern wirkender Mann mit auffallend leiser Stimme. Er erzählte nichts vom Ölgeschäft. Er ließ sich keine politischen Bemerkungen entlocken. Für eine halbe Stunde berichtete er über seine Stiftung „Offenes Russland“, über die Bedeutung von Bildung und neuen Medien und warum er die Entwicklung einer Zivilgesellschaft in Russland für wichtig und unterstützenswert halte. Überhaupt, so kündigte Chodorkowskij an, werde er sich in fünf Jahren aus dem Geschäftsleben zurückziehen. Einige Zuhörer rechneten nach: Das wäre dann das Jahr 2008, das Jahr der nächsten Präsidentschaftswahlen in Russland, zu denen Amtsinhaber Wladimir Putin nach der russischen Verfassung nicht mehr antreten dürfte. Vielleicht hatte hier ja ein Kandidat, der im Jahre 2008 dann mit 45 Jahren und seinem Milliardenvermögen eine gute Ausgangsbasis haben würde, gerade seine Visitenkarte abgegeben.

Am 25. Oktober desselben Jahres stürmen vermummte und schwer bewaffnete Männer der Spezialeinheit Alfa auf dem Flughafen von Nowosibirsk den Privatjet des Ölmagnaten und Chefs des Jukos-Konzerns, brechen die Tür zu seinem Salon auf und brüllen: „Geheimdienst! Hände hoch! Dokumentenkontrolle! Nicht bewegen, wir schießen!“ Dazu kommt es nicht, denn Michail Chodorkowskij soll sich mit einem lakonischen „Gut, gehen wir!“ in seine filmreife Verhaftung gefügt haben. Aus seinem geplanten Weiterflug nach Irkutsk wurde nichts. Vergeblich warteten dort die Leute in dem Ort Listwjanka auf seinen angekündigten Vortrag zum Thema „Die Bedeutung der Wirtschaft für die Herausbildung der Zivilgesellschaft“, mit dem Chodorkowskijs Stiftung „Offenes Russland“ nun auch am Ufer des Baikal-Sees jenes Aufklärungsprogramm unter dem Logo „Schule der öffentlichen Politik“ beginnen wollte, mit dem die Stiftung schon in vielen Orten des Landes aufgetreten war.

Grundlage der Verhaftung war eine 50-seitige Anklageschrift, die dem Oligarchen Verstöße gegen sieben Gesetze vorwirft und ihn unter anderem des Privatisierungsbetruges und der massiven Steuerhinterziehung beschuldigt. Formal handelt es sich um ein Vorgehen der russischen Generalstaatsanwaltschaft in Sachen Wirtschaftskriminalität. Eigentlich eine alltägliche Angelegenheit. Die Verhaftung Chodorkowskijs konnte auch nicht wirklich überraschen, weder die Öffentlichkeit noch ihn selbst. Schließlich war bereits am 19. Juni 2003 Alexej Pitschugin, der Sicherheitschef von Jukos, wegen mehrfachen Mordverdachts in Untersuchungshaft gekommen, und am 3. Juli war ihm der Jukos-Aktionär und Präsident der Finanzholding MENATEP Platon Lebedew gefolgt, ebenfalls wegen angeblicher Verwicklung in ein Kapitalverbrechen und wegen Privatisierungsbetrugs. Und am 23. Oktober hatten die Staatsanwälte dem Ölmagnaten bereits eine Vorladung zur Zeugenaussage für den folgenden Tag in seine Moskauer Konzernzentrale geschickt, der Chodorkowskij aber wegen seiner Dienstreise nicht Folge leistete.

Der Zugriff kam also nicht von ungefähr, aber er erregte Aufsehen über den Tag hinaus. Der Fall Chodorkowskij, das stellte sich in der Zeit nach dem 25. Oktober 2003 bald heraus, entfaltete innenpolitische und sogar internationale Dimensionen: Er beeinflusste die russischen Parlamentswahlen vom 7. Dezember 2003 und die Präsidentschaftswahlen vom 14. März 2004. Er provozierte grundsätzliche Fragen und Diskussionen zum Verhältnis von Wirtschaft und Politik, zum Stand rechtsstaatlicher Verfahren und zur Zukunft der Zivilgesellschaft im russischen Transformationsprozess. Und er löste zahlreiche kritische Reaktionen bei Russlands Partnern und bei internationalen Organisationen aus, so bei der Europäischen Union, beim Europarat und in den Vereinigten Staaten. Die Anwälte Chodorkowskijs streben an, dass sich auch der Europäische Gerichtshof und die Vereinten Nationen mit dem Fall ihres Mandanten befassen.

Diese Auswirkungen des Falles Jukos-Chodorkowskij machen es sinnvoll, sich mit den Details, den Hintergründen und Begleitumständen näher vertraut zu machen, auch um nachzuvollziehen, wie dieser zunächst alltäglich anmutende Vorgang solche politischen Folgewirkungen auslösen konnte.

Der Aufstieg vor dem Fall

Michail Borisowitsch Chodorkowskij wird am 26. Juni 1963 in Moskau geboren. Beide Eltern sind Chemie-Ingenieure, Vater Boris Moisejewitsch bringt es bis zum Stellvertretenden Cheftechnologen der Moskauer Messinstrumente-Fabrik „Kalibr". Der Sohn absolviert gleich zwei Studiengänge: als Ingenieur-Technologe am Moskauer Mendelejew-Institut (1986) und als

Volkswirt am angesehenen Moskauer Plechanow-Institut (1988). Im selben Jahr finden wir das Mitglied der KPdSU als Stellvertretenden Komsomolsekretär. Er gehört zu den weitsichtigen Kadern des Parteinachwuchses, die rasch begreifen, wie man aus dieser Position in der Phase der beginnenden Privatisierung eigene Chancen macht. Schon 1987 übernimmt Chodorkowskij die Leitung eines Komsomol-Unternehmens („Zentrum für wissenschaftlich-technisches Schöpfertum der Jugend – Stiftung für Jugendinitiative“), zwei Jahre später auch die Leitung der Organisation, die eigens zur Geldbeschaffung für dieses Jungunternehmen geschaffen wird („Kommerzielle Innovationsbank für wissenschaftlich-technischen Fortschritt“). Der private Aneignungsprozess findet in diesem Fall 1990 seinen Abschluss, als das Bankunternehmen dem Moskauer Stadtsowjet das Komsomol-Unternehmen abkauft und mit diesem zur MENATEP-Invest verschmolzen wird (MENATEP steht für die Anfangsbuchstaben von „Branchenüberschreitende und wissenschaftlich-technische Programme“), zu dessen Generaldirektor und Vorstandsvorsitzenden Chodorkowskij bis 1991 aufsteigt. Der Gegenstand der Geschäfte ist nicht exakt überliefert. Als der MENATEP-Chef schon in Ungnade gefallen war, hieß es, damals sei es um Handel mit Alkohol, Jeans, Souvenirs und Computern gegangen.

Früh sucht Chodorkowskij eigenen Kontakt zur Jelzin-Regierung und übernimmt auch Regierungsfunktionen. 1992 wird er Vorsitzender des Investitionsfonds zur Förderung der Brennstoff- und Energieindustrie mit den Rechten eines Stellvertretenden Energieministers. Im Frühjahr 1993 bekleidet er dann eine Weile tatsächlich den Posten eines Stellvertretenden Ministers für Brennstoffe und Energie im Haus von Jurij Schafranik. Schon im Jahr zuvor gehört der Jungmanager zum Beraterstab des russischen Premierministers, und er setzt seine beratende Tätigkeit für die Zentralregierung wie für den Moskauer Oberbürgermeister in den Folgejahren fort. 1996 reiht sich der inzwischen wohlhabend gewordene Chodorkowskij mit seinen Oligarchen-Kollegen Beresowskij und Gusinskij in die Finanzierer der Wahlkampagne von Präsident Jelzin ein, mit dem erklärten Ziel, einen Sieg von KP-Chef Sjuganow zu verhindern.

Diese Regierungsnähe ermöglicht dem abtrünnigen Komsomolzen auch, an der ebenso lukrativen wie umstrittenen Privatisierung des Energie- und Rohstoffsektors teilzuhaben. Der Kreml brauchte Mitte der 90er Jahre dringend Geldmittel und verschaffte sie sich über eine Art Tausch: Anteile an den Staatsbetrieben wurden den Vertretern des im Entstehen begriffenen privaten Business (so genannte „loans for shares“-Programme) gegeben. MENATEP sicherte sich bei einer dieser Gelegenheiten einen 45-Prozent-Anteil an dem Ölkonzern Jukos. Im selben Jahr entsteht aus den Industriebeteiligungen von MENATEP die Holding „Rosprom“, die sich 1997 mit dem Ölkonzern zu „Rosprom-Jukos“ verbindet, alles geleitet von Michail Chodorkowskij.

Im Jahr 1995 schlug auch die Geburtsstunde für den märchenhaften Reichtum des russischen Oligarchen. Für ganze 309 Millionen Dollar soll Chodorkowskij damals 78 Prozent der Jukos-Aktien für sich selbst erworben haben, also von dem Konzern, dessen Wert 2003 auf knapp 30 Milliarden Dollar taxiert wurde. Das Konkurrenzunternehmen Sibneft ging für etwas mehr als 100 Millionen Dollar in die Hände von Roman Abramowitsch, 2003 hatte sich der Wert dieses Konzerns auf 13 Milliarden Dollar erhöht.

Spätestens 1997 fällt die Fortune des smarten Aufsteigers

Chodorkowskij auch international auf. In diesem Jahr behauptet die Zeitschrift „Forbes", Chodorkowskij sei bereits 2,4 Milliarden Dollar schwer. Er weist das zurück und taucht dann in der Forbes-Liste des Folgejahres mit 1,3 Milliarden Dollar auf. Schon 1993 war das Davoser „World Economic Forum" auf den russischen Jungunternehmer aufmerksam geworden und hatte ihn in die Liste jener 200 Menschheitsvertreter aufgenommen, die den Gang der Ereignisse des 3. Jahrtausends entscheidend prägen würden. 2001 wird dann die „Assoziation zum Schutz der Investorenrechte" Chodorkowskij zum besten Manager des Jahres küren.

Tatsächlich bringt der Jukos-Chef seinen Konzern in den Jahren 1998 bis 2002 mächtig nach oben. Eine größere Beteiligung an dem norwegisch-britischen Schiffsbau- und Anlagenkonzern Kvaerner im Jahr 2001 markiert die Internationalisierung der Jukos-Aktivitäten. Längst verfügt das Jukos-Imperium über internationale Standorte und Kontakte: Die MENATEP-Group residiert in Gibraltar, ihre Töchter Hulley Enterprise auf Zypern und Jukos Universal auf der Isle of Man. Im MENATEP-Board finden sich Leute wie der ehemalige US-Vizefinanzminister Stuart Eisenstat und der ehemalige deutsche Bundeswirtschaftsminister Graf Lambsdorff.

Um ein Entree in die amerikanische Wirtschaftselite bemüht sich Chodorkowskij in ganz besonderer Weise. Es gelingt ihm, Berater der „Carlyle Group" zu werden, jenes mit Prominenten gespickten Risiko-Kapital-Unternehmens im Umfeld des Weißen Hauses, wo er auf Ex-Außenminister James Baker, den britischen Ex-Premier John Major und George Bush Senior stößt. Für den Verwaltungsrat seiner 2003 gegründeten gemeinnützigen Stiftung „Offenes Russland", ausgestattet mit einem Jahresetat von 200 Millionen

Dollar, bemüht sich der Jukos-Chef um Persönlichkeiten wie den Ex-Senator Bill Bradley, Henry Kissinger und den britischen Bankier Lord Rothschild. Auch in den Vereinigten Staaten selbst soll Chodorkowskij nach 2001 jährlich erhebliche Summen für karitative und gemeinnützige Zwecke zur Verfügung gestellt haben, darunter eine Million Dollar für die Washingtoner Library of Congress und eine halbe Million für die Carnegie-Stiftung.

2002 macht Jukos 11,4 Milliarden Dollar Umsatz bei drei Milliarden Dollar Gewinn, ist zweitgrößter Ölkonzern Russlands geworden und fördert mit 100 000 Beschäftigten 508 Millionen Barrel Öl. Michail Chodorkowskij, auf der Forbes-Liste für 2003 die Nr. 1 unter den 17 russischen Milliardären mit einem Vermögen von 8 Milliarden Dollar (Platz 26 weltweit), hat große Pläne für das Jahr 2003. Im April wird der Fusionsplan von Jukos mit Sibneft bekannt, der Jukos-Sibneft zum viertgrößten Ölkonzern weltweit machen sollte. Und der Jukos-Chef, der als Geste des guten Willens schon mal einen Tanker mit russischem Öl nach Houston schickt, will 2003 auch eine größere US-Beteiligung an JukosSibneft zustande bringen. Bei seinen Verhandlungen mit Exxon Mobil und Chevron Texas geht es angeblich um eine Beteiligungssumme von 25 Milliarden Dollar. Im Sommer 2003 steht Jukos auf dem Sprung in eine neue Gewichtsklasse. Der Geburt eines ersten russischen „global player" im weltweiten Business scheint nichts mehr im Wege zu stehen – bis der 25. Oktober den reichsten Mann Russlands in den Spez-Isolator 4 (Isolierhaftzelle) des Moskauer Untersuchungsgefängnisses „Matrosenstille" bringt. Dort teilt er 15 Quadratmeter mit zwei weiteren Inhaftierten und lässt sich von seinen Anwälten Bücher zur russischen Geschichte und zur Föderationsverfassung bringen. Das Privileg eines

Kühlschrankes und eines Fernsehers muss er sich bei der Gefängnisleitung mit dem Versprechen erkaufen, beides bei seiner Freilassung dort zu lassen.

Der Aufstieg Chodorkowskijs passt sich in die Typologie russischer Jungunternehmer-Karrieren ein, die in den 90er Jahren von der Startrampe abhoben. Typisch ist die Komsomolherkunft, die fast regelmäßig bei den Schnellaufsteigern dieser Jahrgänge anzutreffen ist. Offenbar begünstigte die Macht- und Entscheidungsnähe des Parteinachwuchses in Verbindung mit der Lern- und Orientierungsfähigkeit ihrer gut ausgebildeten jugendlichen Vertreter den Einstieg in eine Geschäftswelt, die schnelle Veränderungen verlangte. Wer gut informiert war, die Beziehungen zu den Machtapparaten pflegte, schnell schaltete und über kräftige Ellenbogen verfügte, konnte über Nacht ein Vermögen machen.

Aus der Menge solcher Transformationsgewinnler ragt Chodorkowskij durch einige Besonderheiten heraus. Einmal gehört er zu der sehr begrenzten Zahl der Unternehmer, die in wenigen Jahren zu den auch öffentlich beobachteten Dollar-Milliardären aufstieg. Dann aber machte er auch einiges anders als vergleichbare Kollegen. Auf den schnellen Rubel allein hatte er es nicht abgesehen. Niemand wird die Details seiner verschlungenen geschäftlichen Aktivitäten zwischen 1987 und 1997 überblicken oder gar in ihren Methoden außer Zweifel stellen können. Er war mittendrin bei jener wilden Privatisierung 1995/1996, die bis heute bei vielen Russen wegen der dreisten Aneignung von nationalen Ressourcen und Werten Verbitterung auslöst. Aber genauso wenig lässt sich bestreiten, dass Chodorkowskij zwischen 1997 und 2003 den Wert seines Unternehmens um den Faktor 120 vervielfachte. Diesen Aufstieg von Jukos erreichte er mit großem Arbeitseinsatz und hoher Professionalität und erntete dafür auch international viel Anerkennung. Besonders fiel auf, dass er die Arme zu den amerikanischen transnationalen Konsortien im Energiesektor ausstreckte und ihr Interesse gewinnen konnte. Er mauserte sich zum Anhänger einer modernen Unternehmenskultur und machte dabei Jukos offen und transparent. Und er redete nicht nur als einer der Ersten und pionierhaft über Gemeinwohlverpflichtungen der Großunternehmen, sondern setzte solche Prinzipien mit seiner Stiftung „Open Russia" auch in die Tat um. Vieles spricht dafür, dass Chodorkowskij dabei an Vorbilder wie John D. Rockefeller dachte, der durch sein Mäzenatentum und die von ihm gegründete University of Chicago all diejenigen zu beschämen vermochte, die allzu genau die Entstehungsgeschichte seines Öl-Imperiums untersuchen wollten. Auch modernere Leitbilder, wie sie George Soros und Bill Gates lieferten, mögen Chodorkowskij beeinflusst haben. Von hier aus war es jedenfalls nur ein kleiner Schritt bis zu dem Anspruch, die wachsende wirtschaftliche Macht auch für politische Ziele einzusetzen. Chodorkowskij tat diesen Schritt, obwohl er sich des Risikos dabei bewusst sein musste. Und dieser Schritt beendete seinen Aufstieg.

Die „Diktatur des Rechts" in der Praxis

Im Wahljahr 2003, in dem sich Chodorkowskij so viel mit seinem Öl-Konzern vorgenommen hatte, entsteht ein auf unterschiedlichen Ebenen ausgetragener Konflikt zwischen dem Jukos-Chef und der Putin-Administration. Schon zu Beginn des Jahres werden die Teilnehmer eines Treffens zwischen dem Präsidenten und dem Russischen Industriellen- und Unternehmerverband (RSPP) Zeugen verbaler Attacken beider Kontrahenten. Chodorkowskij kritisiert die

Bürokratie, die Korruption und die Undurchsichtigkeit der Privatisierungspolitik, worauf der Präsident düstere Andeutungen über die Jukos-Aktivitäten bei der Privatisierung der 90er Jahre macht.

Dieser Warnschuss verfehlt seine Wirkung. Chodorkowskij verbirgt sich hinter keinem Visier und kündigt die finanzielle Unterstützung der präsidentenkritischen liberaldemokratischen Dumaparteien Jabloko und Union der Rechten Kräfte (SPS) an. In bestimmten Fällen will er auch kommunistische Kandidaten unterstützen. Angeblich strebt er eine Sperrminorität von ihm ergebenen Abgeordneten an, um gegen aus seiner Sicht schädliche Gesetze wirksam vorgehen zu können. Anfang September übernimmt Jukos die liberale Wochenzeitung „Moskowskije Nowosti" und macht den bekannten Journalisten Jewgenij Kiseljow zum Chefredakteur: mit dem vollen Risiko, dass jeder die frühere Rolle Kiseljows bei dem ehemaligen Gusinskij-Sender NTW kennt und vermuten muss, Chodorkowskij wolle in die Fußstapfen dieses exilierten Putinfeindes treten. Bei seinen Werbeauftritten im Ausland beschwört der Ölmagnat die Stärkung der russischen Zivilgesellschaft und scheint es zu genießen, wenn seine Visionen einer durch Bildung und Aufklärung zivilisierten russischen Gesellschaft wie ein Gegenentwurf zum real existierenden Putin-Russland verstanden und ihm politische Ambitionen nachgesagt werden.

Das Imperium schlägt auf zwei Ebenen zurück. Im Mai 2003 warnt der „Rat für nationale Strategie" in einem merkwürdig verquasten Papier vor einer angeblich bevorstehenden Oligarchen-Machtergreifung. Kopf dieser Pläne sei Chodorkowskij. In auf solche Dinge spezialisierten Publikationen wird stapelweise „Kompromat" gegen den Jukos-Chef und seine Familie verbreitet, Ansammlungen unappetitlicher und kompromittierender Beschuldigungen zur Person und zu den Geschäften. FSB-Leute besuchen auf der Suche nach Belastungsmaterial die Schule der damals 12-jährigen Chodorkowskij-Tochter, und die Boulevardpresse schiebt, allerdings bereits nach der Verhaftung, bebilderte Geschichten zu einer angeblichen Nichte des Jukos-Chefs namens Elsa nach, die als Porno-Model nicht weniger als 7 000 Dollar am Tag verdienen soll.

Es bleibt nicht bei medialen Attacken. Die Staatsanwälte nehmen den Konzern aufs Korn, und ab Ende Juni 2003 geht es Schlag auf Schlag: Verhaftung von Pitschugin und Lebedew, Verhöre von Chodorkowskij und Newslin. Durchsuchungen bei MENATEP und bei anderen Jukos-Unternehmen. Durchsuchung der Büros und Vorladung des Anwalts Anton Drel. Am 17. Oktober Eröffnung eines Verfahrens gegen Wassilij Schachnowskij, den Vorsitzenden von Jukos Moskau. Vier Tage später eine Steuerprüfung beim Wunschpartner Sibneft. Am 23. Oktober dann die Untersuchung der von Jukos gesponserten „Agentur für strategische Kommunikation", die der Partei Jabloko im Wahlkampf hilft. Dabei werden wichtige Unterlagen und 700 000 „herrenlose Dollar" eingezogen und zwei Dumaabgeordnete acht Stunden festgehalten. Dem Jukos-Chef bleiben nur noch zwei Tage in Freiheit. Bis heute blieb es das Geheimnis Chodorkowskijs, der jeden Fluchtgedanken ablehnte, weshalb er all diese immer enger gezogenen Stricke ignorierte und sich in „business as usual" flüchtete.

Präsident Putin wird kurz nach der Verhaftung des Oligarchen jede persönliche Einmischung zurückweisen und das Ganze als eine egalitäre Anwendung von Recht und Gesetz deuten, die eben auch ganz Reiche treffen könne. Die Vorgeschichte spricht allerdings dagegen, dass hier tatsächlich die „Diktatur des Rechts" zugeschlagen hatte, also jene kompromisslose Durchsetzung der Gesetze, die Putin schon im Jahr 2000 programmatisch als Kontrastprogramm gegen das Laissez-faire der Jelzin-Zeit angekündigt hatte. Es ist mehr als unwahrscheinlich, dass der Generalstaatsanwalt Wladimir Ustinow ohne Rückendeckung handelte, auch wenn Putin später diese Legende mit der Behauptung zu retten versucht, er habe Ustinow sogar ausdrücklich von dem Zugriff abgeraten. Jeder konnte die Eskalation in diesem Konflikt beobachten. Ganz offensichtlich handelte es sich um ein Wechselspiel von Herausforderung und Reaktion. Die Schläge gegen Jukos waren nicht Teil einer groß angelegten Untersuchung von potentiellem Oligarchen-Unrecht, sie gehörten schon gar nicht zu einem Versuch, die fragwürdige Praxis der wilden Privatisierung der 90er Jahre juristisch aufzuarbeiten. Dazu richteten sie sich in ihrer Einzigartigkeit zu ausschließlich auf das Werk Chodorkowskijs. Die Mehrheit der russischen Öffentlichkeit zweifelte denn auch keine Minute an dem politischen Hintergrund der Verfolgungskampagne.

Die Zerschlagung von Jukos

Bereits kurz nach der Verhaftung von Michail Chodorkowskij wurden am 30. Oktober 44 Prozent der Jukos-Aktien beschlagnahmt, ein Anteil, der nach Einlegung von Rechtsmitteln dann auf knapp 40 Prozent reduziert werden musste. Zu diesem Zeitpunkt hatten die US-Erdölgiganten Exxon Mobil und Chevron Texas ihre Beteiligungsverhandlungen bereits unterbrochen. Spätestens nach der Drohung von Witalij Artjuchow, Minister für Bodenschätze, Jukos könnten auch die Förderlizenzen entzogen werden, wird klar: Es geht sowohl gegen die Person Chodorkowskijs wie gegen seine Erfolgsgeschichte namens Jukos.

Mitte Dezember 2003 wird das „Ende einer Traumhochzeit“ bekannt gegeben. Die riesige Transaktion zur Verbindung von Jukos und Sibneft mit einem Volumen von fast 14 Milliarden Dollar soll rückgängig gemacht werden. Anfang Oktober hatte Jukos 92 Prozent der Sibneft-Aktien durch Tausch gegen 26 Prozent der Jukos-Aktien und 3 Milliarden Dollar in bar übernommen, und die Föderale Wertpapierkommission hatte am 3. Oktober 2003 diese Transaktion ohne Beanstandungen registriert. Jetzt heißt es, der Sibneft-Oligarch Roman Abramowitsch, bekannt geworden durch seine 400-Millionen-Dollar-Übernahme des Londoner Prestige-Fußballklubs FC Chelsea, werde Sibneft über seine Investmentgesellschaft zurückkaufen. Anfang März 2004 versetzt ein Moskauer Gericht Chodorkowskijs Konzern den nächsten Schlag und annulliert die im Juli 2003 getätigte Zusatzaktienemission, mit der Jukos sich die Mittel zum Erwerb der Sibneftanteile verschafft hatte. Gegen die Beschlagnahme von 57 Prozent der Sibneft-Aktien und 17 Prozent der Jukos-Aktien legt der Konzern umgehend Beschwerde ein. Fast zeitgleich schickt das Finanzministerium an Sibneft eine Steuernachforderung für die Jahre 2000/2001 in Höhe von einer Milliarde Dollar.

Eine entsprechende Nachforderung an Jukos beläuft sich sogar auf zunächst drei Milliarden Dollar. Im Dezember 2003 ist der Aktienwert des Adressaten dieser Forderung um 34 Prozent gesunken, ein Verlust von 13 Milliarden Dollar. Den Ölkonzern beschäftigte aber zunächst einmal die Frage, wie er überhaupt handlungsfähig bleiben konnte. Der inhaftierte Chodorkowskij musste rasch jede Hoffnung aufgeben, bald wieder seinen Geschäften nachgehen zu können. Als eine

Haftbeschwerde keinen Erfolg hat und der Stellvertretende Generalstaatsanwalt Wladimir Kolesnikow es bedauert, dass der Milliardär höchstens zu zehn Jahren Haft verurteilt werden könnte, und mit einer Ausdehnung der Untersuchungshaft auf bis zu zwei Jahre droht, hatte Chodorkowskij seine Entscheidung schon getroffen: Am 3. November 2003 gibt der Oligarch seine Funktion als Jukos-Vorstandsvorsitzender auf und erklärt, er wolle sich in Zukunft nur noch seiner Stiftung widmen. Schon einen Tag später übernimmt Semjon Kukes die Konzernführung, ein Russe, den ein US-amerikanischer Pass schützt. In alle Winde zerstreut sind die sechs Hauptaktionäre von MENATEP, der Mutter-Holding von Jukos: Chodorkowskij selbst und Platon Lebedew sitzen im Gefängnis, Wassilij Schachnowskij konnte dieses inzwischen mit einer einjährigen Bewährungsstrafe wegen Steuerhinterziehung wieder verlassen. Die drei übrigen, Leonid Newslin, Wladimir Dubow und Michail Brudno, suchen in Israel Schutz, ohne dort sicher zu sein, denn Moskau setzte sie auf die Interpol-Fahndungsliste. Die Beschuldigten bekommen die Reichweite der russischen Ankläger durchaus zu spüren. Mitte März 2004 wird bekannt, dass die russische Generalstaatsanwaltschaft die Sperrung der Schweizer Privatkonten von Chodorkowskij und Newslin erreichen konnte. Ihr Umfang: 5 Milliarden Dollar.

In den weiteren Monaten des Jahres 2004 schwellen die Forderungen des russischen Fiskus an Jukos an wie ein Gebirgsbach bei der Schneeschmelze. Das Finanzministerium knöpft sich ein Jahr nach dem anderen vor: 2000, 2001, 2002, 2003. Es addiert Steuernachforderungen, Zinsen und hohe Strafzuschläge zu atemberaubenden Summen. Folgende Pegelmarken beschreiben den flutartigen Anstieg der Steuerforderungen:

- April 2004: 3,5 Milliarden Dollar für 2000
- Juli 2004: 3,5 Milliarden Dollar für 2001
- September 2004: Erhöhung für 2001 auf 4,1 Milliarden Dollar
- November 2004: 11 Milliarden Dollar für 2002/2003.

Im Dezember hat die Gesamtsteuerschuld des Konzerns 539,2 Milliarden Rubel, umgerechnet 18,6 Milliarden Dollar erreicht. Da Jukos im Laufe des Jahres 3,9 Milliarden Dollar begleichen konnte, bleibt eine Restschuld von 14,7 Milliarden Dollar.

Das Unternehmen klagt gegen jede Nachfestsetzung, verliert aber in allen Instanzen. Die Moskauer Zeitung „Kommersant" ironisiert die anschwellenden Bescheide des Finanzministeriums mit dem Satz „Der Appetit kommt beim Essen". Im Laufe der Monate wird aber erkennbar: Dieser Appetit richtet sich nicht allein auf die fetten Steuernachzahlungen, über die sich jeder Fiskus der Welt freuen würde, sondern ohne jede Beißhemmung auf den Konzern selbst.

Der nämlich zeigt durchaus Kooperationsbereitschaft bei der Begleichung der rechtskräftigen Forderungen. Aber dem Riesen werden immer engere Fesseln angelegt. Schon Mitte April 2004 friert ein Moskauer Gericht das gesamte Vermögen von Jukos ein, was in der Öffentlichkeit erste Berichte über Zerschlagungsabsichten auslöst. Im selben Monat wird ein neues Steuerhinterziehungsverfahren gegen die Jukos-Töchter Tomskneft und Samaraneftegas eröffnet, das Jahr 1999 betreffend, obwohl vorher eine Prüfung schon abgeschlossen war. Die Jukos-Leitung macht immer wieder Angebote: Verteilung der Steuerschuld auf die Jahre 2004 bis 2006, Verkauf von Vermögensteilen an staatliche Energieunternehmen zum Ausgleich, Angebot des Sibneft-Aktienpakets – alles wird entweder gar nicht beantwortet oder abgelehnt. Stattdessen pfänden die Behörden die Förder-Perlen des Unternehmens, neben den beiden genannten Töchtern vor allem auch Juganskneftegas, das 60 Prozent des Jukos-Öls produziert, und sie legen auch die Hand auf die Jukos-Konten.

Die Situation wird zunehmend ernst. Der Aktienwert des größten russischen Ölförderers rast in den Keller. Im Oktober 2003 notierte die Börse Jukos noch mit einem Wert von 26 Milliarden Euro, das hoffnungsvolle „Ehepaar" JukosSibneft sogar mit 40 Milliarden Euro. Ein Jahr später ist Jukos noch 6 Milliarden Euro wert. Am 25. November 2004 fällt die Jukos-Aktie auf 95 Cent, ein Verlust von 94 Prozent gegenüber dem Vorjahr. Dieser Substanzverfall trifft natürlich auch Michail Chodorkowskij. Noch im Mai taxiert ihn die frische Forbes-Liste auf 15,2 Milliarden Dollar und setzt ihn auf einen unangefochtenen ersten Platz unter den russischen Dollarmilliardären, deren Zahl inzwischen auf 36 angestiegen ist. Gegen Ende 2004 ist sein Hauptvermögen, der über die Holding MENATEP gehaltene 60,5-Prozent-Anteil an Jukos, praktisch weggeschmolzen.

Sein Unternehmen müsste eigentlich Insolvenz beantragen. Aber vor Ort, wo es auch um über 100 000 Arbeitslätze geht, will niemand an das Ende von Jukos glauben. Die Lieferanten lassen den Konzern anschreiben, so dass die Produktion weitergehen kann. Solche Rücksichten kennt die Finanzwelt nicht. Schon Anfang Juli 2004 kündigt ein Bankenkonsortium unter Führung der Société Générale einen Ein-Milliarden-Dollar-Kredit (mitbeteiligt: Deutsche Bank und Commerzbank), und einen Monat später will auch die MENATEP einen Kredit von 1,6 Milliarden Dollar vom September 2003 zurückhaben.

Als die Sorgen, auch international, immer lauter artikuliert werden, meldet sich der Staatspräsident persönlich, während einer Auslandsreise aus Shanghai: Die Regierung habe bei Jukos „kein Interesse an einem Bankrott". Und er versichert: „Was die Steuerschuld selbst angeht, denke ich, dass – sofern es das Gesetz erlaubt – die Regierung versuchen wird, den Zusammenbruch des Unternehmens zu vermeiden." Das war am 17. Juni. Und schon 12 Tage später erlaubt das Gesetz etwas ganz anderes: Am 29. Juni ermächtigt ein Gericht in Moskau das Finanzministerium, seine Forderungen an Jukos unverzüglich, innerhalb von fünf Tagen, einzutreiben. Schon bald wird klar, wie das funktionieren soll. Die Versteigerung des „Filetstücks" des Konzerns namens Juganskneftegas soll die Kassen von Finanzminister Kudrin auffüllen.

Der letzte Akt des Stückes „Aus für Jukos!" beginnt damit, dass im August die Investmentbank und Allianz-Tochter Dresdner Kleinwort Wasserstein (DrKW) mit einer Bewertung von Juganskneftegas beauftragt wird. Die Schätzung endet bei 11,5 bis 13,6 Milliarden Euro – ein Happen, der um einiges zu groß für die Jukos-Konkurrenten auf dem russischen Markt ist. Das Rätseln über die weitere Planung endet, als Mitte September der russische Gasriese Gasprom erklärt, er wolle noch im Jahr 2004 die staatliche Ölfördergesellschaft Rosneft übernehmen. Diese Heiratsannonce gibt erstmals den Blick auf das große Rad frei, das hier gedreht wird. Gasprom, weltweit größter Erdgasproduzent, beschäftigt 320 000 Mitarbeiter, fördert 20 Prozent der Weltproduktion an Erdgas und sorgt dabei für 8 Prozent des russischen Bruttoinlandsprodukts, für 50 Prozent des russischen Stroms und für 20 Prozent des russischen Steueraufkommens. Außerdem verfügt Gasprom als Monopolist über mehr als 150 000 km Gaspipelines in Russland und damit über das weltweit größte Pipeline-Netz. Dagegen bleibt die Ölforderung von Gasprom mit 800 000 Barrel pro Tag eher bescheiden. In einem Konsortium mit Rosneft, das mit 51 000 Mitarbeitern täglich auf 450 000 Barrel kommt, und bei einer Übernahme von Juganskneftegas (1 Million Barrel pro Tag) wäre Gasprom auch eine ernst zu nehmende Adresse im Ölgeschäft.

Der Plan ist, einen vertikal integrierten Energie-Superkonzern in Staatshand zu bilden. Bisher gehören dem Kreml nur etwa 38 Prozent von Gasprom. Etwas mehr als 50 Prozent teilen sich russische Privateigner. Ausländische Beteiligungen (darunter E.ON-Ruhrgas mit 6,43 Prozent als bedeutendste) kommen auf 11,5 Prozent. Der Zusammenschluss mit dem Staatskonzern Rosneft soll eine neue Balance bei Gasprom schaffen: Der Staat wird in Zukunft mit mehr als 50 Prozent das Sagen haben, dafür dürfen aber bis zu 20 Prozent der Aktien an Interessenten im Ausland gehen. Längst hatte sich Wladimir Putin genügend Einfluss auf beide Konzernzentralen gesichert: Bei Gasprom hält seit 2001 Alexej Miller, Putins loyaler Arbeitskollege aus den Jahren in Sankt Petersburg, die Position des Vorstandsvorsitzenden. Ein anderer putinnaher Sankt Petersburger, Dmitrij Medwedew, leitet dort den Aufsichtsrat, und bei Rosneft fungiert ein weiterer enger Vertrauter des Präsidenten, Igor Setschin (von manchem als „Geheimtipp" für die Putin-Nachfolge im Jahr 2008 gehandelt), seit Juli 2004 als Aufsichtsratsvorsitzender. 20 Prozent des russischen Ölsektors wieder unter eigener Kontrolle, und das mit Hilfe des entscheidenden Stoßes gegen das einstmalige Imperium des kecken Rivalen – besser konnte man sich einen Triumph nicht ausmalen!

Nach dieser Ankündigung rechnete neben Russland die ganze Welt damit, dass Gasprom bei der auf den 19. Dezember 2004 angesetzten Versteigerung von Jugansknefte-gas den Zuschlag erhalten werde. Wenn das Mindestgebot mit 8,65 Milliarden Dollar so deutlich unter der Schätzung von Dresdner Kleinwort Wasserstein lag, dann wohl mit Rücksicht auf Gasprom, das sich der Unterstützung eines Konsortiums von sechs Gesellschaften (darunter Deutsche Bank und DrKW) für eine Kreditlinie von 7,5 Milliarden Euro versichert hatte.

Aber Jukos bäumte sich noch einmal auf. Der Amerikaner Bruce Misamore als Finanzchef des Unternehmens rief mit Hilfe der US-Anwaltskanzlei Fulbright & Jaworski ein Gericht in Houston/Texas an und beantragte mit Erfolg Gläubigerschutz. Als das Gericht am 18. Dezember 2004 den Aufschub von Zwangsmaßnahmen gegen Jukos für mindestens zehn Tage verfügte, wies die Moskauer Regierung die Gültigkeit dieser Anordnung in Russland zwar sofort zurück, aber die internationalen Kreditgeber von Gasprom bekamen offenbar kalte Füße. Und so endete die von 174 Journalisten beobachtete Versteigerung am 19. Dezember, dem 4. Advent 2004, mit einer faustdicken Überraschung: Eine völlig unbekannte „Baikalfinansgrup" hinterlegte ebenso wie Gasprom die Garantiesumme von 1,5 Milliarden Euro und holte sich dann für 9,3 Milliarden Dollar die Aktien von Juganskneftegas, ohne dass Gasprom überhaupt ein Gebot machte.

Nach wilden Spekulationen darüber, wer hinter dieser Baikalfinanzgruppe stehen könnte, unter deren angegebener Adresse in der russischen Provinzstadt Twer die Journalisten nur eine Bar fanden, lüftete Rosneft am Abend des 22. Dezember 2004 das Geheimnis. Man bekannte, soeben den erfolgreichen Bieter zu 100 Prozent aufgekauft zu haben. Das, was MENATEP-Chef Tim Osborne eine „illegale Enteignung von privatem Vermögen“ nannte, was der frühere Jukos-Vorstandsvorsitzende Meede als „organisierten Diebstahl zur Begleichung politischer Rechnungen“ brandmarkte und die Chodorkowskij-Anwälte schlicht als „Enteignung von Jukos“ bezeichneten – es war vollzogen. Wladimir Putin setzte dem gleich nach der Bekanntgabe der Übernahme seine Interpretation entgegen: „Der Staat hat sich heute ganz rechtmäßiger Marktmechanismen bedient, um seine Interessen zu wahren.“ Das lag auf der Linie von Parlamentspräsident Boris Gryslow, der es kurz zuvor populistischer ausgedrückt hatte: „Die Bodenressourcen Russlands gehören nicht irgendeinem Unternehmen oder einer Person, sondern unseren Bürgern.“

Am Anfang des Falls Chodorkowskij, im Oktober 2003, stand eine spektakuläre Verhaftung, bei der die Person des reichsten Oligarchen Russlands die Hauptrolle spielte. Als in den letzten Tagen vor Weihnachten 2004 die Erfolgsgeschichte Jukos ihr banales Ende nimmt, widmet sich die Weltöffentlichkeit der Aufgabe, die Rolle dieses Vorgangs für den Komplex Wirtschaft und politische Macht in Russland zu begreifen. Michail Chodorkowskij sitzt in diesem Moment noch immer in der „Matrosenstille“, ohne jede Chance, aus seiner Zelle heraus das Geschehen zu beeinflussen. Er gehört nicht mehr zu den handelnden Personen. Seine Lage hatte sich schon im April 2004 verschlechtert, als die Staatsanwaltschaft die Anklagepunkte um „Rädelsführerschaft“ in einer „kriminellen Vereinigung“ erweiterte. Dafür kann es nach russischem Recht sogar mehr als zehn Jahre Haft geben. Als sein Prozess nach mehrfacher Verschiebung am 16. Juni 2004 endlich beginnt, wird das Bild vom Milliardär im Drahtkäfig um die Welt gehen. Wochenlang verliest der Staatsanwalt in einem Raum, in dem gerade 30 Zuschauer und zehn Journalisten Platz finden, die endlose Klageschrift. Die Berichterstatterin des Europarats bekommt keinen Zutritt zu dem Angeklagten, dessen märchenhafter Besitz außerhalb der Gefängnismauern eingeebnet wird. Rettungsversuche wie das Angebot, seine MENATEP-Anteile zum Ausgleich der Steuernachforderungen herzugeben, finden kein Gehör. Nach der Versteigerung von Juganskneftegas beschließt Chodorkowskij, einen Schlussstrich zu ziehen. Am 12. Januar 2005 übergibt er das MENATEP-Paket seinem nach Israel geflüchteten Partner Leonid Newslin und hört damit auf, Unternehmer zu sein. Gut möglich, dass es dem Häftling in der Strafsache 18/41 eine gewisse Genugtuung bereitet, dass auch 2004 Jukos der größte Ölförderer Russlands war. Von den 9,13 Millionen Barrel, die Russland pro Tag produzierte, entfielen immer noch 18,6 Prozent auf Chodorkowskijs Konzern. Diesen Trost kann der Häftling Chodorkowskij gut gebrauchen. Denn bei der grundsätzlichen Bedeutung des Konflikts, in dessen Zentrum er steht, ist weder mit einer schnellen noch mit einer für ihn günstigen Entscheidung der Richter zu rechnen.

Innenansichten eines Konflikts

Die Steuer-Frage

Bei der Sichtung des Konfliktpotentials muss als erstes die Frage beantwortet werden, ob die Steuervermeidungsstrategien des Jukos-Konzerns in der Vergangenheit vielleicht derart überzogen waren, dass sie die russischen Staatsinteressen in einem außergewöhnlichen Ausmaß schädigten und insofern die rigorosen Verfolgungsmaßnahmen erklären und rechtfertigen. Gegen die hohen Steuernachforderungen machen die Jukos-Anwälte geltend, dass Jukos seinerzeit rechtlich geregelte Steueroasen und Offshore-Abschreibungsmöglichkeiten erfolgreich und zunächst ja auch ohne Beanstandung durch die Steuerbehörden genutzt habe. Dabei steht außer Frage, dass dem russischen Fiskus durch die Steuertricks der Konzerne erhebliche Verluste entstehen. Weltbankexperten haben errechnet, dass sich diese Verluste auf zwei Prozent des Bruttoinlandsproduktes (entspricht 7,6 Milliarden Euro) pro Jahr addieren. Und wenn man den Prozentanteil der Gewinne aus dem Erdölgeschäft, die in den Staatshaushalt fließen, in typischen Förderländern vergleicht, dann schneidet Russland tatsächlich schlecht ab: In den Vereinigten Arabischen Emiraten beträgt die Gewinnabschöpfungsrate 90 Prozent, in Norwegen 80 Prozent, in Russland aber bloß 50 Prozent.

Nur lässt sich dafür Jukos allein nicht haftbar machen. Der Konzern selber behauptet, im Jahr 2003 im Schnitt 60,8 Dollar pro Tonne Erdöl an Steuern abgeführt zu haben – bei einem Branchenmittel von 56 Dollar. Eine Aufstellung für 2001 spricht auch nicht dafür, dass Jukos seine Produkte zu gering besteuerte. So soll Chodorkowskijs Firma damals 45,7 Dollar an Steuern pro geförderter Tonne Erdöl bezahlt haben, während es bei Lukoil 34,1, bei TNK 32,5, bei Sibneft 38,9 und bei der staatlichen Rosneft 38,4 Dollar waren. Zu einem etwas anderen Bild kommt eine vergleichende Untersuchung der Moskauer Investmentgesellschaft Prospekt über die effektiven Steuerzahlungen vom Gewinn der Konzerne. Sie platziert Sibneft mit 12,31 und

Jukos mit 12,86 Prozent am unteren Ende, gefolgt von TNK mit 14,29, Lukoil mit 32,3 und Gasprom mit 32,69 Prozent.

Bis noch vor kurzem war es weder illegal noch unüblich, dass die Ölgiganten Steueroasen im Ausland oder Sonderwirtschaftszonen in Russland selbst nutzten, um die normale Gewinnsteuer von 24 Prozent zu drücken. Bis die roten Lampen des Jukos-Konflikts aufflammten, wickelte das russisch-britische Joint Venture TNK-BP seine Geschäfte steuersparend auf den Virgin Islands ab – inzwischen passiert das in Sibirien. Jukos schuf ein System von acht verschachtelten Trusts, die sich ebenfalls die Jungfraueninseln und die Kanalinseln als Geschäftsorte wählten. Roman Abramowitsch bevorzugte für Sibneft die Sonderwirtschaftszone Tschuchotka, wo er sich auch zum Gouverneur bestellen und als Wohltäter feiern ließ. Für Jukos war das abgelegene Sibiriendörfchen Lesnoe ein willkommenes Binnen-Offshore, während es Lukoil ins kasachische Bajkonur zog.

Der Fall Jukos hat eine öffentliche Debatte über die Sonderstellung der Ölkonzerne in Oligarchenhand ausgelöst und dabei auch einige seltsame Blüten getrieben. Verteidigungsminister Sergej Iwanow und der ehemalige Innenminister Boris Gryslow setzten sich vorübergehend an die Spitze derer, die für eine staatliche Kontrolle aller strategischen Sektoren der Wirtschaft plädierten – als sei Wladimir Iljitsch Lenin wiederauferstanden mit seinem Appell zu Beginn der so genannten „Neuen Ökonomischen Politik" mit ihrer damaligen Reprivatisierung, wenigstens die „Kommandohöhen der Wirtschaft" besetzt zu halten. Die Diskussion versachlichte sich aber wieder und konzentrierte sich auf Fragen wie Förderabgaben, Exportbesteuerungen, Abschaffung von Steuerprivilegien und Schließung von Steuerschlupflöchern. Finanzminister Alexej Kudrin frohlockte Mitte Januar 2004, allein die letzte Maßnahme werde dem Fiskus Mehreinnahmen von 60 Milliarden Rubel (1,6 Milliarden Euro) jährlich bescheren.

Die Steuerpraxis von Jukos gab keinen Anlass zu dem rigorosen Vorgehen von Administration und Finanzgerichten. Sie entsprach dem Vorgehen der vergleichbaren Oligarchen-Konzerne. Aber die öffentliche Skandalierung dieser weit verbreiteten Praxis der Steuerminderung und Steuervermeidung im Zuge des Jukos-Konflikts schuf eine Atmosphäre, in der schließlich sogar Gedanken zur Sozialpflichtigkeit des Eigentums gediehen. Einige Oligarchen drehten bei, wohl aus einer Mischung aus Einsicht und Einschüchterung. Noch ist kein verlässlicher neuer Rechtsrahmen erkennbar, der tatsächlich örtliche und regionale Steuersonderbehandlungen ausschließt. Aber der Fall Chodorkowskij wirkte wie ein Katalysator und begünstigte Veränderungen bei der Besteuerung von Großunternehmen. Wohin diese Dynamik letztlich führt, ist derzeit noch nicht erkennbar.

Die nationale Frage

Auf den ersten Blick hatte Chodorkowskij auch keinen unverzeihlichen Regelverstoß zu verantworten, als er 2003 die Verhandlungen mit den beiden US-Konzernen Exxon Mobil und Chevron Texas über einen nennenswerten Einstieg bei Jukos vorantrieb. Eine Premiere im Ölgeschäft konnte das nicht mehr werden, war doch bereits im Februar des Jahres der britische Ölgigant BP bei der sibirischen TNK mit 6,75 Milliarden Dollar eingestiegen, ohne dass dies zu einem politischen Erdbeben geführt hätte. Und Ende September 2004, schon im fortgeschrittenen Stadium der Jukos-Zerschlagung, kann ConocoPhilips für 1,98 Milliarden Dollar einen 7,59-Prozent-Anteil bei Lukoil erwerben – mit Putins Zustimmung. Was war der Unterschied, wenn Chodorkowskij einen ähnlichen Schritt für seinen Konzern vorbereitete?

Es gibt Größenunterschiede, die Bedeutung haben. TNK förderte im Jahr 2002 genau 37 500 Tonnen Erdöl und lag damit russlandweit an vierter Stelle. Jukos und Sibneft, deren Fusion ja beschlossene Sache war, kamen addiert im selben Jahr auf eine Fördermenge von 96 200 Tonnen, gefolgt von Lukoil mit 75 490 Tonnen. Chodorkowskij wollte also bei der künftigen Nr. 1 die Tür für das US-Kapital öffnen. Viele Anzeichen sprechen dafür, dass er damit ein heftiges Nachdenken über Souveränitätsfragen auslöste. War nicht der russische Staatshaushalt zu 40 Prozent auf die Einnahmen aus dem Ölgeschäft angewiesen? Würde nicht der Riese JukosSibneft die Verantwortung für einen wesentlichen Anteil an diesen Staatseinnahmen tragen? Kann es im russischen Nationalinteresse liegen, diese Verantwortung in die Mitbestimmung eines US-Konzerns zu legen, der ja vermutlich auch amerikanische Interessen vertritt? Für den Wissenschaftler und Autor Sergej Lopatnikow ist klar, dass dieses für Russland auf den „Verlust der Souveränität" hinausgelaufen wäre.

Chodorkowskijs Aktivitäten im amerikanischen Establishment haben solche oft nur hinter vorgehaltener Hand geäußerte Bedenken eher noch verstärkt. Als Surfer auf den Wellen der Globalisierung fehlte ihm jedes Verständnis für die Engstirnigkeit der Souveränitätsbedenken. Wenn er sich in Washington als der Mann ausgab, der den Vereinigten Staaten den Zugang zum russischen Rohstoffparadies verschaffen konnte, dann fühlte er sich durchaus auch als Vertreter russischer Interessen. Chodorkowskij kannte den technischen und technologischen Status der heimischen Förderanlagen aus eigener Anschauung, und ihm erschienen jene Berechnungen plausibel, nach denen die Modernisierung seiner Branche in Russland einen Investitionsbedarf aufweist, der im dreistelligen Milliarden-Dollar-Bereich liegt. Für ihn lag es nahe, das US-Kapital für diese Aufgabe zu gewinnen. Demgegenüber erscheint es bestenfalls als „altes Denken“, hier mit der nationalen Frage zu kommen.

Doch Moskau, das von seinen Plänen erfährt, ist beunruhigt und denkt auch daran, wie Chodorkowskij versucht hat, überkommene Hoheitsrechte des Staates in Frage zu stellen. Die sibirischen Fördergebiete von Jukos mit dem riesigen Raffineriekomplex von Angarsk wollte der Oligarch über eine sibirisch-mongolisch-chinesische Pipeline mit dem chinesischen Markt verbinden. Die russische Regierung verfolgt dagegen eine Japan-Option und konnte sich auch nicht für Chodorkowskijs andere Idee erwärmen, durch eine Pipeline nach Murmansk sibirisches Öl für den US- und EU-Markt verschiffbar zu machen. Als Antwort stellte der Jukos-Chef das von Transneft wahrgenommene staatliche Pipeline-Monopol infrage und warb intensiv für das Recht auf privaten Pipelinebau. Gut möglich, dass sich seine Kontrahenten in Regierung und Administration bei dem Gedanken ungemütlich fühlten, dass Chodorkowskij demnächst auch noch amerikanische Unterstützung für diese Forderungen erhalten würde. Wenn die Anti-Jukos-Kampagne das Ziel verfolgte, von solchen Emanzipations- und Öffnungsstrategien abzuschrecken, dann war sie erfolgreich.

Die Frage der Zivilgesellschaft

In der Chochlowskij-Gasse in Moskau hat die Stiftung „Offenes Russland" ihr Hauptquartier, dessen Zentrum ein eng mit Schreibtischen zugestelltes Großraumbüro bildet. An den Wänden hängt immer derselbe Jahreskalender mit einem Porträt des Stifters Michail Chodorkowskij. Er schaut auf eine sich in gedämpfter Stimmung vollziehende Emsigkeit herab. Man meint, die überwiegend jugendlichen Mitarbeiter zuckten bei jedem Besuch erst einmal zusammen, weil sie wieder einmal ein rücksichtsloses Fahnderkommando vermuten. Geleitet wird das Büro von Irina Jassina, der Vorsitzenden von „Open Russia". Sie macht aus ihrer loyalen Ergebenheit gegenüber dem verfolgten Oligarchen und aus ihrer Sorge um seine physische und psychische Verfassung bei seinem Aufenthalt in der „Matrosenstille" kein Hehl. Noch können die laufenden Projekte abgewickelt werden, die aus den Einlagen der Jukos-Aktionäre stammen, vor allem von Chodorkowskij selbst. Ob die Arbeit auch in Zukunft weitergehen kann, wird davon abhängen, ob die Stifter überhaupt noch einen Zugang zu ihren Privatkonten haben werden.

„Offenes Russland" wickelte im Jahr 2003 Programme im Wert von etwas über 14 Millionen Dollar ab. Fast die Hälfte davon floss in ein Projekt zur Computerausstattung für Bibliotheken in ländlichen Regionen. Verschiedene Wettbewerbe, besonders im Jugendbereich, finden Unterstützung, darunter der auch international geförderte Schüler-Geschichtswettbewerb „Der Mensch in der Geschichte Russlands – Das 20. Jahrhundert". Chodorkowskijs Stiftung hilft bei der Ausbildung von Medienjuristen und Fernsehjournalisten, entwickelt Programme zur gesellschaftlichen

Begleitung von Gesetzgebungsprozessen, fördert die Grundkenntnisse über Verfassung und Rechtsnormen an Schulen, finanziert mit fast fünf Millionen Dollar Projekte von im „Bürgerforum“ organisierten russischen NGOs und stellt 2,8 Millionen Dollar für Projekte im Bereich Bürgergesellschaft und Menschenrechte zur Verfügung.

Chodorkowskijs Stiftung hat sich zu einem der wichtigsten Geldgeber von gesellschaftlich engagierten Projekten der russischen Zivilgesellschaft entwickelt. Und dort wird das Geld gebraucht. Präsident Putin nahm zwar, wie schon beschrieben, im November 2001 den Gesprächsfaden mit dem breiten Spektrum der russischen Nichtregierungsorganisationen auf, und seitdem gibt es einen Draht zwischen Kreml und Zivilgesellschaft. Dem „Graschdanskij Forum“ (Bürgerforum) vom November 2001, bei dem sich fast 5000 Teilnehmer zu verschiedenen, auch sensiblen Themenbereichen austauschten, folgten weitere Forumsveranstaltungen auch in den Regionen. Ungeklärt aber blieb die Finanzierung zivilgesellschaftlicher Aktivitäten, obwohl die Staatsduma mehrere gesetzliche Anläufe nahm. Oft bleibt nichts anderes übrig, als die Gelder ausländischer Stiftungen anzunehmen – oder eben bei „Open Russia“ anzuklopfen.

So wundert es nicht, dass sich die Allrussische Konferenz Zivilgesellschaftlicher Organisationen, die sich am 28. Oktober 2003 in Moskau traf, mit dem Fall des drei Tage zuvor festgenommenen Jukos-Chefs befasste. In der dann veröffentlichten Erklärung der NGOs heißt es:

„Wir sind davon überzeugt, dass Chodorkowskij nicht verhaftet wurde, weil er irgendwann, wie die Staatsanwaltschaft behauptet, Steuern nicht gezahlt oder unrechtmäßig Eigentum erworben hat. Er wurde verhaftet, weil er begonnen hatte, ehrlich Steuern zu zahlen und seine Vermögensverhältnisse offen zu legen. Aber genau die Absicht, seine Geschäfte aus dem Schatten zu holen, ist äußerst gefährlich für diejenigen, deren Wohlstand und Macht untrennbar davon abhängt, dass in unserem Land die ‚Schattenwirtschaft' dominiert.

Wir sind überzeugt, dass Chodorkowskij nicht verhaftet wurde, weil der von ihm geführte Konzern ohne sich zu schämen seine Mitarbeiter ausbeutet und die Naturschätze Russlands ausraubt. Er wurde verhaftet, weil er als einer der Ersten laut über soziale Verantwortung von Unternehmern und Unternehmen gesprochen und in großem Maße begonnen hat, Projekte im Bereich Bildung und Soziales zu initiieren."

In dem Text wird durchaus eine gewisse Distanz zu der Person Chodorkowskijs spürbar. Doch Russlands Oppositionelle machen sich Sorgen, was dieser Zugriff politisch bedeutet. Der bekannte Bürgerrechtler Sergej Kowaljow spricht von einer „Kriegserklärung an die Zivilgesellschaft". Die Art und Weise, wie Chodorkowskij behandelt wird, weckt Befürchtungen über einen Paradigmenwechsel im russischen Transformationsprozess. Der Jukos-Chef schmort in der mehrfach verlängerten Untersuchungshaft und klagt vergeblich seine Rechte als Angeklagter ein, während seine Stiftung Projekte zur Stärkung des Rechtsstaats finanziert. Die Bürgerrechtler Russlands erkennen, dass es bei Chodorkowskij nicht um einen gewöhnlichen Fall von Wirtschaftkriminalität geht, sondern dass die Zukunft von Liberalität und Rechtsstaat in Russland auf dem Spiel steht. Sie wenden sich mehrfach an die Generalsekretärin von „Amnesty International" und wollen, dass Chodorkowskij als „politischer Gefangener" anerkannt wird. In einem der Briefe sprechen die Absender im Fall Chodorkowskij von „gelenkter Justiz" und spielen damit auf Putins Begriff von der „gelenkten Demokratie“ an. Unter die Autoren dieser Initiative haben sich bekannte Namen gemischt: Dabei sind Jelena Bonner, Wladimir Bukowskij und Sergej Kowaljow, aber auch die Moskauer Helsinki-Gruppe, Memorial und das Institut für Menschenrechte.

Die Verfolgungswut der Obrigkeit will nicht nur den Jukos-Konzern kaputtmachen, dem sie von Oktober bis Dezember 2003 angeblich 678mal die Fahnder ins Haus schickte. Es sollen auch Chodorkowskijs Querverbindungen zu Russlands Zivilgesellschaft gekappt werden. Irina Jassina von „Open Russia“ befürchtet, dass das gelingen kann: Die Fahnder besuchen auch die Einrichtungen und Organisationen, die von Chodorkowskijs Stiftung Geld erhalten haben. Sie ist sich sicher, dass solche Besuche von weiteren Kontakten oder gar Förderanträgen auch dann abschrecken, wenn es keine wesentlichen Alternativen beim Sponsoring gibt. Und allgemein wachsen die Sorgen über einen sich andeutenden Domino-Effekt. Wer kann denn genau wissen, womit Jukos die unsichtbaren Grenzen überschritten hat? Vielleicht war es ja gerade Chodorkowskijs großzügiges Mäzenatentum in Sachen Zivilgesellschaft? In Zeiten wie diesen überlebt nur, wer die Zeichen zu lesen weiß. Und diese wollen offenbar sagen, Spenden an kritische und engagierte NGOs können gefährlich werden – für beide Seiten.

Vielleicht ist der Fall Chodorkowskij keine generelle Kriegserklärung an die Zivilgesellschaft, wie Kowaljow befürchtet. Aber die Wirkung des Konfliktes entspricht dieser Befürchtung ziemlich genau. Als der Staatspräsident nach der Tragödie von Beslan im Herbst 2004 erst an den Rahmen von Parteientätigkeit herangeht, dann den Regionen das Wahlrecht für die Gouverneure wegnimmt und die Formierung der russischen Gesellschaft vorantreibt, äußern Sprecher der Zivilgesellschaft immer häufiger dieselbe Befürchtung: „Als nächstes werden wir dran sein!"

Die Macht-Frage

Es ist schon geschildert worden, wie Wladimir Putin im Jahr 2000 seine Präsidentenwürde ohne eigene Hausmacht antreten musste: Er war belastet von einer Verpflichtung, auf die politisch-ökonomische Entourage des scheidenden Präsidenten Jelzin („Familie") Rücksicht zu nehmen. Erst allmählich und schrittweise konnte er seine eigenen Leute in Schlüsselpositionen bringen.

Es gab in der Jelzin-Truppe Mächtige, die diesen Deal nicht unbedingt als Selbstverpflichtung zur Zurückhaltung verstanden hatten. Die beiden Oligarchen Wladimir Gusinskij und Boris Beresowskij bauten im Jahr 2000 ihre Kontrolle vor allem der elektronischen Medien noch weiter aus. Putin ließ zuschlagen. Am Ende der kompromisslosen Untersuchungen von Justiz und Steuerpolizei mussten beide Magnaten ins Ausland fliehen. Ihre Medienmacht kam unter die Kontrolle des Präsidenten. Der legte aber keinen Wert auf eine Entscheidungsschlacht zwischen Politik und Wirtschaft. Putin, in seiner eigenen Hausmacht noch viel zu schwach, pflegte vielmehr den Austausch mit dem Unternehmerverband und strebte ein informelles Agreement an.

Ob es nun wirklich den berüchtigten „Schaschlik-Pakt" als Ereignis gegeben hat, also als handfeste Datscha-Fete mit viel Hochprozentigem, irgendwo im Gartengürtel der Hauptstadt, das ist nicht entscheidend. Wohl aber existierte eine Absprache in dem Sinne, dass der Kreml die Wirtschaft und die Oligarchen machen und die 90er Jahre ruhen lässt, wenn sich die rubelstarken Bosse im Gegenzug aus der Politik raushalten. Das Beispiel von Gusinskij und Beresowskij hatte allen gezeigt, dass Putin auch anders konnte. Der Pakt hielt, bis Michail Chodorkowskij im Jahr 2003 die unsichtbaren roten Linien nicht länger beachtete.

Der Oligarch übte Kritik an Bürokratie und Korruption. Er hatte weltweite Beziehungen, die unter seinesgleichen Respekt hervorriefen. Er setzte sein Geld bedenkenlos ein, um sich Einfluss in der Duma zu kaufen. Sein Mäzenatentum verschaffte ihm Anerkennung im politisch bewussten Teil der russischen Gesellschaft. Seine Auslandsauftritte inszenierte er als selbsternannter Botschafter des besseren Russland. Und er hatte wachsendes Gefallen daran, im Lande selbst als Geschäftsmann mit politischen Ambitionen, ja vielleicht selbst als potentieller Putin-Nachfolger angesehen zu werden: All das zusammen wird es gewesen sein, was den Vernichtungsfeldzug des Kreml gegen Chodorkowskij ausgelöst hat. Aber Putin erkannte auch die Chancen des Augenblicks, um die ihm aufgezwungene Machtbalance der ersten vier Nach-Jelzin-Jahre abzuschütteln. Da hatte einer die Regeln verletzt, der zur anderen Seite gerechnet wurde. Der Jukos-Chef war ja dabei gewesen, als die so genannte „Semibankirschtschina“ (Siebenbankentruppe) 1996 mit sehr viel Geld die Chancen des kommunistischen Jelzin-Herausforderers Sjuganow abwürgte. Ohne in diese Kontakte dann später noch viel investiert zu haben, gehörte Chodorkowskij vom politischen Spiel her gesehen doch zur „Familie“. Und sein Fall war für Putin nun das Signal, mit dem Einfluss dieser „Familie“ aufzuräumen.

Putins Kontrahenten machten es ihm leicht. Die Häupter der „Familie“ an den Schalthebeln zeigten sich geschockt von der spektakulären Verhaftung und kritisierten das Vorgehen des Kreml. Der mächtige Chef der Präsidentenadministration Alexander Woloschin musste seinen Platz räumen. Für ihn kam mit Dmitrij Medwedew erneut ein junger Sankt Petersburger. Auch Ministerpräsident Kasjanow legte ein Wort für den Jukos-Chef ein, blieb aber noch bis zur Regierungsumbildung wenige Tage vor der Präsidentenwahl im Amt. Das Gesamtrevirement, letztlich von dem Fall Jukos angestoßen, machte den Weg frei für eine Art zweite Machtübernahme Putins, die einige wichtige Teile der russischen Gesellschaft schwer verunsicherte. Es begann das große Rätselraten über die tatsächliche Ratio des Anti-Chodorkowskij-Feldzugs: War hier die Rote Karte lediglich gegen einen Einzelnen gezogen worden, der sich nicht an die Spielregeln gehalten hatte? Oder sollte es der Auftakt werden zu einer umfassenden Kampagne gegen die Oligarchen und gegen alle, die in dem munteren Monopoly der 90er Jahre gewonnen hatten? Solche Sorgen plagten natürlich auch die internationale Geschäftswelt, die sich fragte, welche ihrer russischen Partner denn womöglich ähnlich gefährdet waren wie der Jukos-Chef.

Putin zog es vor, auf diese Fragen doppeldeutige Antworten zu geben. Die Sorgen von Russlands Wirtschaftspartnern im Ausland versuchte er zu beschwichtigen. Aber zu Hause beauftragte er Ende 2003 den Rechnungshof-Chef Sergej Stepaschin, vorhandene Dossiers mit „Kompromat" in Sachen Privatisierungsbetrug und Steuerhinterziehung an die Strafverfolgungsbehörden weiterzuleiten. Und die gesamte öffentliche Diskussion über den zu geringen Staatsnutzen bei der Ausbeutung von Bodenschätzen und über die Unübersichtlichkeiten bei dem märchenhaften Aufstieg einiger russischer Milliardäre verunsicherte die ganze Zunft und drängte sie in die Defensive.

Dieser Schwebezustand wird wohl bleiben, weil er dem

Präsidenten nützt. Michael Thumann (DIE ZEIT) hat das so ausgedrückt: Putin braucht nicht entschurkte, sondern schuldige Oligarchen, über die er genügend belastendes Material in der Hinterhand hat, um sie einschüchtern und disziplinieren zu können. Was hier für die Oligarchen gilt, beschreibt eigentlich ein überall und allgemein gültiges Herrschaftsinstrument in der russischen Transformationsperiode. Wer immer sich in diesen Jahren wirtschaftlich in Russland betätigt, verletzt Gesetze, wissentlich oder unwissentlich. Denn die Gesetzgebung produziert selber, etwa im Steuerbereich, Unklarheiten und Widersprüche. Vor diesem Hintergrund ist es leicht, selektive Rechtsanwendung als politisches Machtinstrument zu nutzen und dann auch noch als strikte Rechtsstaatlichkeit im Sinne der „Diktatur des Rechts“ auszugeben. Viele haben sich während der wilden Privatisierung der 90er Jahre bereichert, Geschäftsleute ebenso wie Politiker und Staatsbeamte. Viele haben damals und später zu wenig Steuern gezahlt, und wahrscheinlich kann man bei fast jedem russischen Unternehmen Verstöße gegen Rechtsnormen und Steuervorschriften feststellen, wenn man es nur will. Dieser Status der ständig gefährdeten Unschuld lädt im Übrigen auch zur Korruption ein. Es lohnt sich allemal, dafür zu zahlen, dass bei der Suche nach Opfern das Auge des Gesetzes sich einen anderen aussucht. Rechtsstaat geht anders. Er müsste sich entweder zu einer unterschiedslosen Untersuchung all dieser Geburtsstunden bestimmter großer Vermögen aufraffen oder irgendeine verbindliche Abschluss- oder Amnestieregelung anstreben. Im Fall Chodorkowskij hat die Prominenz des Beschuldigten die ganze Welt auf dieses Herrschaftsinstrument der selektiven Rechtsanwendung in Russland aufmerksam gemacht. Die Zweifel am russischen Rechtsstaat sind dadurch gewachsen.

Der russische Präsident hat aber den Jukos-Konflikt nicht nur genutzt, um seine Hausmacht auszubauen und sich von den Fesseln der Nach-Jelzin-Ära zu befreien. Sehr schnell stellte sich nämlich heraus, dass in der russischen Bevölkerung eine Wut gegen die neureichen Emporkömmlinge schlummert, die nur auf den richtigen Weckruf wartet. Die Zustimmungsrate zu einem harten Vorgehen gegen die Oligarchen, ja zu ihrer „Entreicherung", liegt bei mehr als 70 Prozent. In einem ansonsten blutleeren Wahlkampf kam plötzlich Blutdurst auf. Das Thema Oligarchen und Chodorkowskij hat den Wahlausgang der Duma- und der Präsidentenwahlen im Dezember 2003 und im März 2004 mitbestimmt. Ein rabiater Populismus setzte die liberal-demokratischen Parteien Jabloko und die Union der Rechten Kräfte auf die Anklagebank, weil Chodorkowskijs Gelder ihren Wahlkampf mitfinanziert hatten, bis dies jäh unterbrochen wurde. Die Kommunisten der KPRF verloren ihre Glaubwürdigkeit, als mitten in der Kampagne gegen die Oligarchen einige Vertreter dieser Spezies auf ihren Bewerberlisten geortet wurden. Und etwas Schlimmeres konnte der Putin-Konkurrentin Irina Chakamada im Präsidentschaftswahlkampf gar nicht passieren, als dass die Finanzierung ihrer Kampagne durch den nach Israel geflohenen MENATEP- und Jukos-Aktionär Newslin bekannt wurde.

Fast automatisch kommt man auf den Gedanken, ein wohlausgedachter Masterplan könnte zu dem Jukos-Konflikt und seiner politischen Ausbeutung geführt haben. Erinnern wir uns: Da war doch im Mai 2003 dieser eigenartige Report des „Rats für nationale Strategie" mit seiner Warnung vor einer Verschwörung und Machtergreifung der Oligarchen, der in besonderer Weise Chodorkowskij herausstellte: ein guter Spielplan für den Krimi „guter Präsident versus böser Oligarch". Und alle haben mitgespielt. Der Jukos-Chef marschiert ohne Deckung los, ignoriert alle Warnungen und weigert sich, es seinen Artgenossen Gusinskij und Beresowskij nachzumachen, die sich rechtzeitig ins Ausland absetzten. Er liefert alle nötigen Steilvorlagen, um die Warnungen der Verschwörungsstrategen vom Mai plausibel zu machen. Im Gegenzug isoliert der Kreml den Kontrahenten, macht ihn zum Magneten von Wut und Frust des um ihr Alltagsüberleben kämpfenden Durchschnittsrussen und setzt die so geschmiedete Waffe voller populistischer Lust im Wahlkampf ein.

Wenn es, was eher unwahrscheinlich ist, einen solchen Masterplan tatsächlich gegeben hat, dann war er ebenso riskant wie genial. Nur in Verschwörungstheorien funktioniert diese hundertprozentige Übereinstimmung von Drehbuch und Politik. In der Realität überwiegen Zufälle und plötzlich auftauchende Optionen. Aber eins steht fest: Sollte tatsächlich ein Superhirn all diese Inszenierungen im Voraus geplant haben, die das Machtgefüge in Russland in einer kurzen Zeitspanne so nachhaltig verschoben haben, dann muss es einen wichtigen Punkt übersehen haben. Nämlich den Schaden für Russland, den der Fall Chodorkowskij im Ausland angerichtet hat.

Reaktionen und Perspektiven

Die Außenwirkung der Verhaftung des Jukos-Chefs und ihre politischen Folgen wurden natürlich auch beeinflusst von den Reaktionen in Russland selbst. In den Kommentaren spiegelte sich die Spannung des Wahlkampfes, die Tonlage überraschte aber doch. Zum Beispiel, wenn ein Gleb Pawlowskij, bisher nicht unbedingt als Kremlgegner aufgefallen, ankündigte: „Es ist klar, dass es sich um die Vorbereitung eines politischen Schauprozesses handelt." Dagegen wirkte Jawlinskijs Sarkasmus („von Putins gesteuerter Demokratie ist nur noch die Steuerung übrig") fast zurückhaltend. Nicht so bei Boris Nemzow, den die „Nesawisimaja Gaseta" vom 28. Oktober 2003 mit folgendem Satz zu den politischen Folgen des Falls Chodorkowskij zitiert: „Ein Sieg der Silowiki, die auf die wirtschaftlichen Interessen des Landes pfeifen, ist eine feste Wendung in Richtung Diktatur."

Solche Äußerungen aus dem demokratischen Spektrum Russlands erhöhten in der westlichen Welt die Aufmerksamkeit für die politische Bedeutung der Verhaftung des Jukos-Chefs. In der ersten Zeit nach dem 25. Oktober prägten die öffentliche Debatte aber zunächst Spekulationen darüber, ob dieser Akt die Wirtschaftsbeziehungen mit Russland beeinträchtigen könnte, ob die Kapitalflucht aus Russland nun wieder zunehmen werde (das war tatsächlich vorübergehend der Fall) und ob man jetzt mit einer generellen Infragestellung der in den 90er Jahren entstandenen Besitzverhältnisse gerade in dem für das Ausland so interessanten Rohstoffsektor rechnen musste.

Als es Präsident Putin gelungen war, solche Sorgen im Ausland einigermaßen zu zerstreuen, ohne die Verunsicherung der bei den Oligarchen konzentrierten Wirtschaftsmacht im eigenen Lande aufzuheben, wandte sich die westliche Öffentlichkeit mehr der Rechtsstaats- und Demokratiefrage zu. Dabei spielten die von dem Jukos-Chef immer sorgsam gepflegten internationalen Kontakte eine wichtige Rolle. Hinzu kam, dass Chodorkowskij die Dienste der in Toronto ansässigen Anwaltskanzlei Amsterdam & Peroff in Anspruch nahm. Sein Anwalt Robert Amsterdam suchte weltweit den Kontakt zu Regierungen und Abgeordneten, um über die Rechts- und

Regelverstöße beim Vorgehen des Kreml gegen seinen Mandanten zu informieren. Seinen Gesprächspartnern machte er dabei klar, dass die Verteidiger Chodorkowskijs gerade deshalb, weil sie in Russland in ihrer Arbeit behindert würden und auf kein faires Verfahren setzen könnten, alle Register ziehen wollten, um eine Internationalisierung des Falles zu erreichen. Es war logisch, dass sie sich an jede denkbare Adresse wenden würden, vom Europarat über den Europäischen Gerichtshof für Menschenrechte und die Vereinten Nationen bis zu den G8.

Das alles zusammen zeigte schneller Wirkung als erwartet. Schon am 4. November 2003 lag dem US-Senat eine Resolution der beiden prominenten Senatoren Lugar und Biden in Sachen Chodorkowskij vor, die ernsthafte Sorgen über die Inhaftierung des Ölmagnaten und über das Einfrieren der Aktien seines Konzerns zum Ausdruck bringt. Die Resolution Nr. 258 fordert für die Beschuldigten die Gewährung aller von der russischen Verfassung vorgesehenen Rechte und verlangt einen „fairen und transparenten Prozess". Die Rede ist von „selektiver Anwendung des Rechts", von politischer Motivation des Vorgehens und von einem möglichen Missbrauch des Justizsystems in Russland. Dieses Thema greifen zwei gleich lautende Resolutionen des Senats und des Repräsentantenhauses vom 21. November 2003 auf, die von den Senatoren McCain und Lieberman sowie den Abgeordneten Lantos und Cox präsentiert wurden. Diese Resolutionen problematisieren Russlands Mitgliedschaft bei der G8, für dessen Gipfel im Jahr 2006 Moskau sogar Gastgeber sein soll, und erinnern an einige Voraussetzungen für Russlands Integration in diese Gruppe. Erneut kommt der Hinweis auf die Verhaftung von Chodorkowskij als selektive Rechtsanwendung im Zusammenhang mit seiner Unterstützung für die Opposition. Ausdrücklich wird ein Zusammenhang hergestellt zu gescheiterten russischen Auslieferungsbegehren bei anderen „prominenten russischen Wirtschaftsführern“ in England, Spanien und Griechenland. Der Fall des Jukos-Chefs erscheint in einer Reihe mit Klagen über die mangelnde Pressefreiheit und über den „brutalen Krieg in Tschetschenien“ als Nichterfüllung von Standards, die für ein G8-Mitglied eigentlich gelten sollten.

Diese parlamentarischen Initiativen können als Beleg gelten für einen Stimmungswandel in den Vereinigten Staaten gegenüber der Russischen Föderation. Der Fall Chodorkowskij hat diesen nicht ausgelöst, doch er diente in Washington als Aufhänger, um einige deutliche Worte der Kritik an die Moskauer Adresse zu richten. Die Ergebnisse der Dumawahl vom 7. Dezember 2003 haben diese atmosphärische Eintrübung noch verstärkt. Die russische Öffentlichkeit bekam eine Ahnung davon, als US-Außenminister Colin Powell am 26. Januar 2004 in der Zeitung „Iswestija“ einen Namensartikel unter dem Titel „Partnership Under Construction“ (so die englische Version) veröffentlichte. Diplomatisch eingekleidet in eine Beschwörung der wichtigen amerikanisch-russischen Partnerschaft im Kampf gegen den Terrorismus findet Powell genügend deutliche Worte über die Demokratie in Russland als „work in progress“. Der Name des Jukos-Chefs taucht nicht auf, aber jedem Leser war klar, was die Feststellung bedeutete, das russische demokratische System habe wohl die grundlegende Balance zwischen Exekutive, Legislative und Judikative noch nicht gefunden. Erneut folgt dieser Klage der Hinweis auf die Pressefreiheit und Russlands problematische Politik in Tschetschenien.

Der Ton hat sich auch im Verhältnis zwischen Russland

und der Europäischen Union geändert. Den besten Beleg dafür liefert die Mitteilung der EU-Kommission an den Rat und das Europäische Parlament zum Thema „Beziehungen zur Russischen Föderation“ vom 9. Februar 2004. Frustration und Enttäuschung über den Verlauf der Beziehungen prägt den gesamten Text, der von „zunehmenden Belastungen“ spricht, die Fortschritte als „insgesamt unzureichend“ bezeichnet und eine bessere Vorbereitung der EU-Russland-Gipfel einschließlich der Festlegung von „roten Linien“ fordert, die bei den Verhandlungen nicht überschritten werden sollten. Im Vordergrund stehen die Schwierigkeiten, die Moskau bei der Übertragung des Partnerschafts- und Kooperationsabkommens mit der EU auf die neuen EU-Mitglieder ab 1. Mai 2004 für eine gewisse Zeit gemacht hat. Aber ohne Namensnennung wird doch auch Bezug auf den Fall Chodorkowskij genommen, wenn es etwa heißt, dass Berichte über die Dumawahlen, über Vorkommnisse in Tschetschenien und „Hinweise auf selektive Anwendung der Gesetze“ Zweifel weckten an der russischen Bereitschaft, universelle und europäische Ethiknormen zu beachten. In Zukunft wolle man entschiedener Bedenken artikulieren „wegen politischer Ereignisse der letzten Zeit“, bei denen eine diskriminatorische Rechtspraxis und Verstöße gegen die Menschenrechte erkennbar geworden seien.

Dazu passt, dass eine Resolution des Europarats im Februar 2004 ganz ähnliche Sorgen wie der amerikanische Kongress zum Ausdruck brachte und im März die deutsche FDP-Abgeordnete und ehemalige Bundesministerin der Justiz Leutheusser-Schnarrenberger zur Berichterstatterin des Europarats im Fall Jukos/Chodorkowskij ernannt wurde. Sie legte im November 2004 einen umfangreichen kritischen Bericht zum Fall Jukos vor, auf dessen Basis der Europarat am 25. Januar 2005 eine Resolution und eine Empfehlung verabschiedete, in der es heißt: „Wir stellen die Fairness, die Unparteilichkeit und die Objektivität der Behörden in Frage, die dem Anschein nach in überzogener Weise und unter Missachtung fundamentaler Rechte der Verteidigung gehandelt haben.“ Die Entschließung sieht in den zahlreichen Verfahrensmängeln und in dem politischen und ökonomischen Hintergrund des Falles Hinweise dafür, dass es hier um mehr als die Durchsetzung von Recht gehe. Vielmehr handle es sich auch um die Schwächung eines politischen Gegners und die Rückgewinnung von Kontrolle über strategisch wichtige Güter. Auch der Europäische Menschenrechtsgerichtshof ist befasst, wie er am 23. März 2004 bestätigte, und prüft eine Beschwerde der Anwälte Chodorkowskijs wegen Verstoßes gegen Artikel fünf und sechs der Europäischen Menschenrechtskonvention, die das Recht auf Freiheit, Sicherheit und auf einen fairen Prozess festschreiben. Der Jukos-Chef macht gegenüber den russischen Behörden sogar Verstöße gegen das Verbot von Folter sowie von unmenschlicher und erniedrigender Behandlung geltend.

Das alles sind Zeichen dafür, dass der Fall Chodorkowskij grenzüberschreitende, internationale Wirkung entfaltet, begreift man ihn doch in einer Phase der Ernüchterung und partiellen Abkühlung im Verhältnis Russlands zu seinen westlichen Partnern als eine Bestätigung für schon auf dem Wege befindliche skeptische Beobachtungen. In Europa und Amerika bleibt das Interesse an politischer und wirtschaftlicher Stabilität in Russland und an guter Partnerschaft mit Moskau Priorität Nummer 1, und dieses Interesse sieht man weiterhin in den Händen des durch seine Wahl im März 2004 eindrucksvoll bestätigten Präsidenten gut aufgehoben. Aber es kommen zu viele schlechte Nachrichten aus dem Land: Über die fortgesetzten Grausamkeiten im Tschetschenienkrieg. Über die Einschränkungen der Pressefreiheit. Über unfaire Wahlkampagnen. Über eine nicht nachvollziehbare schonungslose Ausübung von verliehener Macht, etwa von der Präsidentenpartei „Jedinaja Rossija“ mit ihrer Zweidrittelmehrheit in der Duma nach den Parlamentswahlen. Aber auch über eine ruppige Politik zugunsten russischer Nationalinteressen im Umgang mit der Europäischen Union und mit kleinen Nachbarstaaten. In diesem Kontext bestätigt der Fall Chodorkowskij Zweifel an der russischen Rechtspraxis, Zweifel auch an der Souveränität von Präsident Putin im Umgang mit potentiellen Rivalen und Konkurrenten, wie sie auch die Art der Präsidentschaftswahlkampagne Anfang des Jahres 2004 bestätigt hat.

Es ist dieser Zusammenhang, der auch nach der Zerschlagung des Jukos-Imperiums dem Ausgang des persönlichen Falls Chodorkowskij eine weit über Russland hinausreichende Aufmerksamkeit garantiert. Die Verlautbarungen des Oligarchen aus der „Matrosenstille“ heraus finden ein entsprechendes Interesse. Am 29. März 2004 veröffentlichte der Jukos-Chef in der Zeitung „Wedomosti“ einen längeren Artikel unter der Überschrift „Die Krise des russischen Liberalismus“. Es handelt sich um ein politisches (kein rechtliches) Schuldbekenntnis, voller teils bis zur Plumpheit offener, teils subtiler politischer Botschaften. Der Oligarch rechnet mit den Kräften ab, die er bisher unterstützt hat und über deren schwache Reaktion – wohl auch in seiner Sache – und schließliche Kapitulation er bitter enttäuscht ist. Nicht die liberalen Demokraten hätten das Schlimmste verhindert, nämlich die Machtübernahme der Schirinowskijs und Rogosins mit ihren Phantasien von „nationaler Rache“, sondern Wladimir Putin, dem er bescheinigt, er sei 70 Prozent liberaler und demokratischer als das russische Volk. Es sei jetzt an der Zeit, die eigenen Fehler und die eigene Schuld einzugestehen. Man habe zu lange für zehn Prozent der Bevölkerung Politik gemacht und die Sorgen des Rests ignoriert. In der Augustkrise 1998 beispielsweise, als eine dramatische Rubelabwertung die Bankeinlagen ungezählter kleiner Leute vernichtete, hätte man einen Ausgleich schaffen und diesen von den Kapitalmärkten abschöpfen müssen. Ein neuer Chodorkowskij stellt sich vor. Er will das Verhältnis Wirtschaft – Staat neu definieren, wobei das Motto heißen sollte: „Frage dich, was du für Russland tust!" Wir erleben einen Oligarchen, der offenbar sein Vorbild wechselt; von Rockefeller zu Kennedy. Es gehe darum, Anerkennung in Russland, nicht im Ausland zu erwerben. Und bei Putin müsse man neben der Person auch das Amt und dessen Würde sehen. Der Satz „Schlechte Macht ist besser als gar keine" bedient zugleich die erwähnten westlichen Stabilitätsinteressen. Um diese mögliche Respektlosigkeit gegenüber dem Präsidenten auszugleichen, erteilt Chodorkowskij ihm gleich im nächsten Punkt Absolution im Fall der Nordost-Theater-Tragödie und widerspricht ausdrücklich dem gegen Putin gerichteten Vorwurf der liberalen Präsidentschaftskandidatin Irina Chakamada in dieser Sache. Es gehe jetzt darum, den Privatisierungsvorgängen nachträglich eine soziale Legitimation zu verschaffen, und das gehe nur über die Bereitschaft des Big Business und der Oligarchen, „mit dem Volk zu teilen". Eine entsprechende rigorose Steuerreform sei der richtige Weg dafür.

Am 28. Dezember 2004 wendet sich Chodorkowskij noch einmal an die Öffentlichkeit, wieder über die Moskauer Tageszeitung „Wedomosti", und zwar mit einem Text unter der Überschrift „Das Gefängnis und die Welt: Eigentum und Freiheit". Der Untersuchungshäftling erkennt seine Niederlage, was die Zukunft von Jukos angeht, an, legt aber auch gleich eine politische Mine: Er bezeichnet die Zerschlagung der Konzerns als den „sinnlosesten und zerstörerischsten Vorgang für die Wirtschaft in der Amtszeit Wladimir Putins" und verweist auf seine Erfolgsstory: „Als ich Jukos 1995 übernahm, hatte die Firma seit sechs Monaten keinen Lohn gezahlt und drei Millionen Dollar Schulden. Jukos operierte in neun Regionen Russlands, förderte 40 Millionen Tonnen Öl im Jahr. Die Produktion sank. 2003 operierte Jukos in 50 Regionen und förderte jährlich 80 Millionen Tonnen Öl. Jukos zahlte hohe und regelmäßige Löhne, war der zweitgrößte Steuerzahler und trug fünf Prozent zum Haushalt bei." Chodorkowskij sagt nicht, dass der neue Besitzer des wichtigsten Produktionsteils von Jukos, der Staatskonzern Rosneft, keinen guten Ruf hat. Er sagt nicht, dass 2003 Rosneft 380,4 Tonnen Öl pro Mitarbeiter förderte, Juganskneftegas aber 6832 Tonnen pro Kopf. Er sagt nicht, dass Jukos im Vergleich zu Rosneft als professionell geführtes, transparentes und international anerkanntes Unternehmen galt. Er braucht das alles nicht zu sagen, weil es die russischen Leser wissen.

Interessant erscheint in diesem Artikel weniger die etwas melodramatische Schilderung der Läuterung des verarmenden Oligarchen hinter Gittern: „Die Frühlingsluft zu atmen, mit Kindern zu spielen, die auf eine normale Moskauer Schule gehen, gute Bücher lesen – all das ist so viel wichtiger, als den Reichtum zu vermehren und Rechnungen zu begleichen." Beachtung verdient eher, wie er seinen Fall selbst sieht, nämlich als bloße Umverteilung von Gütern zwischen verschiedenen Interessengruppen, als den „politisch und kommerziell motivierten Angriff eines Business (als deren Vertreter die Bürokraten auftreten) auf ein anderes", wobei der Staat zur Geisel dieser Interessen gemacht und die Gewaltenteilung aufgehoben werde. Solche schnöden Umverteilungsprozesse, so lautet Chodorkowskijs düstere Vision, würden sich verheerend auf gesellschaftliche Motivations- und Mobilisierungspotenziale auswirken: „Kein echter Patriot wird sein Leben opfern für Beamte, die nur eigene Interessen im Blick haben. Kein wahrer Dichter wird eine Hymne zu ihren Ehren schreiben. Kein Forscher wird um Entdeckungen kämpfen in einem Milieu, in dem man auf sein Genie spuckt."

Diese Warnungen werden den russischen Staatspräsidenten nicht sonderlich beeindruckt haben. Weder Chodorkowskijs Reuebekenntnis aus seiner ersten Zeitungsbotschaft noch seine politischen Warnungen aus der zweiten haben etwas daran geändert, dass ein rigoroses Vorgehen gegen die Privatisierungsgewinnler der 90er Jahre und ihre das Wirtschaftsleben dominierenden Imperien den Beifall der Mehrheit des Publikums findet – auch wenn sich dieses Vorgehen exemplarisch und insofern ungerecht in besonderer Weise gegen einen Einzelnen richtet. Es ist sehr wahrscheinlich, dass Putin die Disziplinierungs- und Einschüchterungswirkung des Jukos-Falles noch lange aufrechterhalten will. Er dürfte keinen Grund dafür sehen, sein bisheriges Vorgehen zu ändern.

Ebenso wie der „Fall Beslan" gibt der „Fall Chodorkowskij" in konzentrierter Form Auskunft über die Widersprüche, Interessengegensätze und Machtkämpfe in der russischen Transformationsperiode unter Präsident Putin. In beiden Fällen beobachten wir, dass der Konsens über das Vorgehen der Staatsführung und des Präsidenten nur von einer kleinen und ziemlich wirkungslosen Oppositionsgruppe in Frage gestellt wird. Gleichzeitig führen aber beide Fälle auch zu einer unübersehbaren Entfremdung zwischen Russland und seinen westlichen Nachbarn und Partnern. Präsident Putin will sein Land auf dem westlichen Pfad halten. Dabei braucht er die Zusammenarbeit mit den Vereinigten Staaten und mit der Europäischen Union und deren Unterstützung bei der Modernisierung Russlands. Die Wirkungen seiner eigenen Politik im Lande verstellen ihm aber zunehmend das Fortkommen auf diesem eingeschlagenen Pfad. Seine Reaktionen nach Beslan haben international viel kritische Aufmerksamkeit auf seine Tschetschenienpolitik, auf die ungelösten Probleme in der ganzen Kaukasusregion, auf die Praxis der „Diktatur des Rechts", auf die Zentralisierungstendenzen in der „gelenkten Demokratie" und die Einschränkung von Pluralismus im politischen und gesellschaftlichen Leben Russlands gelenkt. Sein Vorgehen gegen den Oligarchen und potenziellen Rivalen Chodorkowskij provozierte weitere kritische Fragen nach rechtsstaatlicher Ausgewogenheit und Fairness sowie nach der Verlässlichkeit der russischen Wirtschaftsverfassung und dem Verhältnis von Staatsmacht und Wirtschaft in Russland. Zunächst hatte das atmosphärische Auswirkungen beim internationalen Meinungsklima Russland gegenüber. Solche Stimmungsveränderungen bahnen sich aber erfahrungsgemäß ihren Weg in die real existierende Politik, auch wenn das dauern kann.

Entlastung können in dieser Situation nur positive Nachrichten aus Russland bringen. Der dritte aktuelle Fall, erneut von exemplarischer Bedeutung für die Außenwirkung der russischen Politik, spielte sich außerhalb des Landes ab. Die „Orangene Revolution" in der Ukraine im Spätherbst 2004 erwies sich als weitere schwere Prüfung für die Politik von Präsident Putin.

Der Fall Ukraine: Die „Orangene Revolution" als Herausforderung

Eine andere Ukraine in 17 Tagen

Der amerikanische Journalist John Reed veröffentlichte 1919 einen später immer wieder zitierten Augenzeugenbericht zur russischen Oktoberrevolution von 1917 unter dem Titel „10 Tage, die die Welt erschütterten". Was zwischen dem 22. November und dem 8. Dezember auf den Straßen von Kiew und in vielen anderen ukrainischen Städten geschah, lässt sich schwerlich mit der Oktoberrevolution vergleichen. Aber die Bürgerrechtsbewegung, die das Projekt „Eine andere Ukraine in 17 Tagen" zum Erfolg brachte, hat eine zeitgeschichtliche Zäsur gesetzt, die noch lange die Chronisten beschäftigen wird.

Die Nachfolgefrage

Eigentlich sollte am 21. November 2004 der ukrainische Präsidentschaftswahlkampf zu Ende gehen. Gesucht wurde ein Nachfolger für Leonid Kutschma, der die Geschichte der im August 1991 unabhängig gewordenen Republik Ukraine ein Jahrzehnt lang, von 1994 bis 2004, gelenkt hatte. Die Ausgangslage wurde zu Recht mit der Situation in der Russischen Föderation im Jahr 1999 verglichen. Dort war es Boris Jelzin, der die Nachfolgefrage lösen musste. Wie bereits beschrieben brauchte er damals jemanden, der genügend Fähigkeiten hatte, um mit Hilfe des Machtapparats und der Administration die Präsidentschaftswahl zu gewinnen, aber keine ausreichend starke Hausmacht mitbrachte, um zu schnell zu selbstständig zu werden, und deshalb bereit war, die Interessen des scheidenden Präsidenten und seiner Familie zu wahren und sie, besonders was ihre verborgenen Geschäfte anging, strafverfolgungsfrei zu stellen. Jelzin fand den geeigneten Mann in Wladimir Putin, der es schon an die Spitze des mächtigen Sicherheitsdienstes FSB gebracht hatte, der seine Regierungsfähigkeit und Zuverlässigkeit als Ministerpräsident beweisen konnte und dann im Frühjahr 2000 zum Präsidenten gewählt wurde.

Nach diesem Muster wollte der ukrainische Präsident ebenfalls vorgehen. Nachdem alle Versuche gescheitert waren, irgendwie an der Verfassung vorbei doch noch zu einer dritten Amtszeit zu kommen, folgte Leonid Kutschma dem Beispiel Jelzins und setzte auf Viktor Janukowytsch als seinen Nachfolger. Der hatte sich im Donbass, dem ukrainischen Kohle- und Schwerindustriezentrum, hochgearbeitet und war dort 1997 Gouverneur geworden. Diese Funktion nutzte er vor allem zugunsten des quirligen Oligarchen Rinat Achmetow, der 1995 die Führung des „Donezker Clans" übernommen hatte. Achmetow konnte dann seine „Industrielle Union des Donbass" (ISD) zum zweitgrößten Industriekomplex der Ukraine ausbauen – mit Aktivitäten als regionaler Erdgasmonopolist, bei Kohlegruben, Stahlschmelzen, Röhrenwerken, Koksereien, aber auch im Banken- und Hotelgeschäft. Besonders stolz ist Achmetow, dessen privates Vermögen auf über zwei Milliarden US-Dollar geschätzt wird, auf seinen Fußballklub „Schachtjor Donezk", für den ihm kein Spieler oder Trainer zu teuer ist und für den er, ganz zur Freude der Donezker, bald ein neues Stadion für 200 Millionen Dollar bauen will.

Aus der Sicht Kutschmas sprach alles für Viktor Janukowytsch: Seine Aktivitäten im Osten der Ukraine im Duett mit Rinat Achmetow, die ja Arbeitsplätze und Wohlstand für die Region brachten, hatten ihn zumindest in dieser wählerreichen Region populär gemacht. Von Kutschma 2002 zum Ministerpräsidenten ernannt, bestätigte er seine Systemtreue und Vertrauenswürdigkeit, was die Interessen des Präsidenten anging. Seine Hausmacht in Donezk ließ sich durch die anderen großen Oligarchen-Clans ausbalancieren, so in Dnipropetrowsk und in Kiew. Von ihm war nichts zu befürchten. Und warum sollte man jenen bösen Zungen widersprechen, die behaupteten, Janukowytschs mangelnde intellektuelle Ausstrahlung und seine beiden unbestrittenen Vorstrafen wegen zweier lange zurückliegender Gewaltverbrechen seien aus der Sicht des Kutschma-Clans doch eher ein Vorteil. So könnte man den potenziellen Nachfolger noch einige Zeit an der Leine halten.

Gefahr ging eher von dem einzig ernst zu nehmenden Oppositionskandidaten Viktor Juschtschenko aus. Der hatte sich als Notenbankchef schon 1996 einen Namen gemacht, als er die ukrainische Währung Hrywnja einführte. Die Bevölkerung hatte sich eine gute Erinnerung an seine kurze Regierungszeit als Ministerpräsident unter Kutschma zwischen Dezember 1999 und April 2001 bewahrt. Denn in dieser Zeit schaffte Juschtschenko erstmals einen ausgeglichenen Haushalt. Er verbesserte die Steuermoral der Unternehmen und sorgte dafür, dass den Staatsdienern rückständige Löhne und Gehälter ausgezahlt wurden. Seine Anhänger machten ihn dafür zum „Vater des ukrainischen Aufschwungs", während andere dem Hobbybienenzüchter eher nachsagten, er sei zu wenig machtorientiert und entscheidungsfreudig. Zwischen 2001 und 2004, als das Kutschma-Regime immer autoritärer wurde und immer brutaler gegen oppositionelle Kräfte vorging – der unaufgeklärte Mordfall an dem kritischen Journalisten Georgij Gongadze im Jahr 2000, in den der Präsident nach heimlich aufgenommenen Gesprächsmitschnitten selber verwickelt war, machte dies der Weltöffentlichkeit bewusst –, entwickelte sich Viktor Juschtschenko zum unangefochtenen Oppositionsführer und damit zum Herausforderer des Kutschma-Protegés Janukowytsch.

Schmutziger Wahlkampf

Schon vor dem ersten Wahlgang am 31. Oktober 2004 hatte Leonid Kutschma beklagt, man sei Zeuge des „schmutzigsten Wahlkampfs in der Geschichte der unabhängigen Ukraine" geworden. Ein eigenartiges und irreführendes Verdikt. Der Präsident kritisiert Methoden, für die er selbst Mitverantwortung trägt, und verallgemeinert sie, obwohl sie sehr einseitig angewandt wurden – aus den Zentren der Macht gegen den Kandidaten der Opposition.

Dass Viktor Janukowytsch seine bessere Startposition als Ministerpräsident nutzte, hat sicherlich niemanden überrascht, auch nicht, als er kurz vor dem Wahltag in populistischer Absicht Löhne und Renten dramatisch erhöhte. Aber das Ausmaß, wie die so genannten „administrativen Ressourcen" gegen Viktor Juschtschenko missbraucht wurden, übertrifft alles, was sonst im postsowjetischen Raum üblich ist. Das Team des Oppositionskandidaten stand mehrfach vor verschlossenen Versammlungssälen, Kampagnenbusse erreichten ihre Ziele nicht, das Flugzeug des Kandidaten bekam plötzlich keine Landeerlaubnis. Die oppositionelle Studentenbewegung „Pora" („Es ist Zeit!") mit ihrem Hauptquartier im westukrainischen Lwiw/Lemberg musste sich plumper Einschüchterungsversuche erwehren. Wer sich zu ihr bekannte, hatte um Studienplatz, Examensnoten und Job zu fürchten. Die Diffamierungskampagne schreckte auch vor fingierten Sprengstofffunden bei den aufsässigen Studenten nicht zurück. Sendezeiten im Radio und im Fernsehen blieben dem Oppositionskandidaten versperrt. Kamen einmal „Anhänger" Juschtschenkos im Fernsehen zu Wort, dann waren es Stadtstreicher, Punks und Neonazis.

Der grob unfair aufgeteilte Medienzugang spielte auch bei den internationalen Beobachtern eine zentrale Rolle. Viktor Janukowytsch erhielt mit seiner immer populistischer werdenden Regierungstätigkeit Dauerpräsenz auf allen staatlichen und privat in Oligarchenhand betriebenen Kanälen, und die Machtorgane blockierten Juschtschenkos einzige Chance, den „5. Kanal" des „Schokoladen-Königs" Petro Poroschenko, eines der wenigen Oligarchen mit Sympathien für die Opposition, im Laufe des Machtkampfs immer wirksamer. Auch für die schreibenden Journalisten wurde es immer gefährlicher, die so genannten „Temniki" zu missachten – jene schriftlichen Weisungen des mächtigen Chefs der Präsidialadministration Viktor Medwedtschuk über die „richtigen" Themen, Prioritäten und Bewertungen bei der Berichterstattung.

In Teilen der Ostukraine reichte die Totalkontrolle der Medien für eine Diffamierungskampagne ohne Korrekturchance aus: Die Mehrheit der Bevölkerung musste dort glauben, dass Viktor Juschtschenko ein Agent der USA sei, der bei einem Wahlsieg nicht nur einen faschistischen Umsturz plane, sondern auch die weniger rentablen Kohlegruben des Donbass schließen und ihre Schächte mit Atommüll auffüllen würde. Das war jedenfalls das Schreckensbild, das von dem ehemaligen Notenbankchef und Premier gezeichnet wurde.

Der schmutzigste Teil des Wahlkampfs lässt sich aber wohl auf den 5. September 2004 datieren. An diesem Sonntag hatte sich Viktor Juschtschenko mit dem Chef des ukrainischen Sicherheitsdienstes SBU Ihor Smeschko und seinem Stellvertreter Wolodymyr Satschuk zum Essen verabredet. Wenige Stunden später erkrankte er schwer, begab sich dann am 10. September wegen des rätselhaften Krankheitsbildes nach Wien zur Behandlung und musste seine Wahlkampagne für vier Wochen unterbrechen. Das Gesicht des einst attraktiv aussehenden Wahlkämpfers ist seitdem aufgequollen und entstellt. Schnell tauchte die Vermutung auf, dass es sich um einen Giftanschlag handeln könnte, und die Staatsanwaltschaft begann zu ermitteln. Am 22. Oktober stellte sie aber die Untersuchungen ein, mit dem Hinweis, es handele sich wohl um eine „Herpesinfektion". In den kontrollierten Medien wurde die Version verbreitet, Juschtschenko habe verdorbene Sushi genossen. Seine Gegner stellten öffentlich hämische Fragen: Wie könne denn ein Mann, der so aussehe und so krank sei, die Ukraine führen und nach außen vertreten?

Der Schock kam erst am 12. Dezember 2004, als sich Juschtschenko noch einmal zur Untersuchung in die Wiener Privatklinik Rudolfinerhaus begab. Jetzt wurde eine über den Magen verlaufene Dioxinvergiftung als Krankheitsursache diagnostiziert. Die Ärzte räumten einen „Verdacht auf Fremdverschulden" ein: Das Seveso-Gift sei dem Patienten wahrscheinlich ins Essen gemischt worden. Schon am nächsten Tag machte Juschtschenko in Kiew die ukrainische Regierung für den mutmaßlichen Giftanschlag verantwortlich. Die Staatsanwaltschaft nimmt die Ermittlungen wieder auf, und in Kiew rätselt man darüber, warum Präsident Kutschma wenige Tage zuvor den Stellvertretenden SBU-Chef

Sazjuk ohne Angabe von Gründen entlassen hatte. All das wurde erst nach dem ersten und zweiten Wahlgang bekannt. Festzustellen bleibt, dass der Oppositionskandidat in der heißesten Phase des Wahlkampfs ganz offensichtlich zum Opfer eines lebensgefährlichen und brutalen Giftanschlags wurde, der ihn entstellte, entkräftete und für vier Wochen aus dem Wahlkampf riss und der – daran zweifelt in der Ukraine fast niemand – wohl kaum ohne Wissen und Billigung der Staatsführung hätte geschehen können.

Die Ahnung von diesem Verbrechen, die ganze aufgeheizte Stimmung der letzten Wahlkampfwochen, die wechselseitigen Versicherungen beider Lager, eine Wahlniederlage nicht anerkennen zu wollen, Gerüchte von Umsturzversuchen, von Provokationen und der Zusammenziehung von Sicherheitskräften rund um die Hauptstadt – all dies schuf am Vorabend des Wahltages eine bösartige und spannungsreiche Atmosphäre, in der Paranoia und Verschwörungstheorien gediehen. Ein Beobachter stellte fest: „Die Bevölkerung trifft ähnliche Vorkehrungen wie bei Tschernobyl."

Am Tag des ersten Wahlgangs, dem 31. Oktober 2004, bleibt die gefürchtete Konfrontation dann aus. Aus der Wahlbeteiligung von über 70 Prozent lässt sich eine Einschüchterung der Wahlberechtigten nicht ablesen. Die ungewöhnlich zahlreichen internationalen Wahlbeobachter (über 4000) geben unterschiedliche Urteile ab. Aus der Sicht der OSZE, die 660 Monitore schickte, entsprachen die Wahlen nicht den europäischen Kriterien und mussten als „Rückschritt" gegenüber den ukrainischen Parlamentswahlen von 2002 gewertet werden. Die Beobachter aus den GUS-Staaten entdeckten keine gravierenden Mängel. Die von dem ehemaligen Box-Idol Sergej Kiwalow geleitete Zentrale Wahlkommission tut sich schwer mit der Auszählung: Erst meldet sie einen deutlichen Vorsprung für Viktor Janukowytsch, dann rückt Viktor Juschtschenko auf. Am 3. November stoppt die Kommission beim Stand von 39,9 zu 39,2 Prozent zugunsten des amtierenden Ministerpräsidenten unter fadenscheinigen Gründen die Auszählung und wird dann erst zehn Tage nach der Wahl bekannt geben, dass tatsächlich Viktor Juschtschenko den ersten Wahlgang mit einem kleinen Vorsprung von 0,55 Prozent für sich entschieden hat. Jeder durchschaut diese Manipulation, die den Oppositionsführer möglichst lange an der Fortführung seiner Wahlkampagne hindern sollte: Nach dem Gesetz darf er erst wieder nach der Bekanntgabe des amtlichen Wahlergebnisses weitermachen. Sein Kontrahent kann hingegen als Ministerpräsident natürlich weiter auf allen Bildschirmen Präsenz zeigen.

Die Einzelergebnisse belegen eine politische und geographische Polarisierung: In seinen Hochburgen in Donezk und Luhansk kommt Janukowytsch auf 80 bis 86 Prozent, während Juschtschenko Mühe hat, dort überhaupt 5 Prozent zu erreichen – und genau umgekehrt verhält es sich in den Hochburgen der Opposition in Lwiw/Lemberg, Iwano-Frankiwsk und Ternopil. Objektiv gesehen durfte sich das Juschtschenko-Lager bessere Hoffungen auf den zweiten Wahlgang machen: Die Sozialisten unter Oleksandr Moros, der mit fast 6 Prozent bei der Wahl auf den dritten Platz gekommen war, sowie der ehemalige Premier Anatoli Kinach riefen zur Wahl des Oppositionsführers auf, während die Kommunisten unter Symonenko keine Festlegung trafen.

Aber es gab auch beunruhigende Nachrichten. Präsident Kutschma entließ 13 Gebietschefs – allesamt aus Wahlbezirken, bei denen Juschtschenko im ersten Wahlgang vorne gelegen hatte. Der Druck von oben wuchs, vor Ort im zweiten Durchgang dafür zu sorgen, dass nun „richtig" gewählt würde. In Oppositionskreisen kursierte das Stalin-Zitat: „Genossen, es ist nicht wichtig, wie das Volk wählt, es ist wichtig, wer die Stimmen zählt." Die Entschlossenheit, einen Sieg der anderen Seite um jeden Preis zu verhindern oder im Ernstfall nicht anzuerkennen, wuchs auf beiden Seiten.

Die „Orangene Revolution"

Am Vorabend des 21. November 2004, dem Sonntag der Stichwahl, brodelten in der Hauptstadt dieselben Gerüchte wie drei Wochen zuvor. Zusammenstöße blieben aber am Wahlsonntag erneut aus. Dafür traf in Kiew ein ständiger Strom von Berichten über plumpe Wahlfälschungen ein: Organisierte Busse mit „Mehrfachwählern" rollten von Ort zu Ort, manchmal vor allem von Mitgliedern der Organisation „Pora" an der Weiterfahrt gehindert, indem sie sich vor die Räder legten. Es wurden kistenweise vorab für Viktor Janukowytsch ausgefüllte Wahlzettel gefunden. Wählerlisten waren unvollständig, Wahlbeobachter wurden in ihrer Arbeit behindert. Im Ostteil des Landes stieg der Pegel der angeblichen Wahlbeteiligung stündlich, in Donezk, Janukowytschs Heimatstadt, erreichte sie auffällige 96,3 Prozent (nach 78,1 Prozent im ersten Wahlgang), in vielen anderen Wahlbezirken überschritt sie gar die 100-Prozent-Grenze.

Von all diesen Berichten unberührt verkündet die Zentrale Wahlkommission einen deutlichen Vorsprung des Kandidaten Janukowytsch. Befragungen vor den Wahllokalen direkt nach der Stimmabgabe zeigen dagegen ein völlig anderes Bild: Sie sehen Juschtschenko bei 54 Prozent, Janukowytsch dagegen lediglich bei 43 Prozent. Als die Zentrale

Wahlkommission, die sich diesmal weniger Zeit nimmt, am Mittwoch (24. November) das offizielle Endergebnis bekannt gibt und bei einem Stimmenverhältnis von 49,4 zu 46,6 Prozent Viktor Janukowytsch mit einem Vorsprung von 871 402 Wählerstimmen zum Sieger erklärt, ist die Staatskrise in der Ukraine bereits im vollen Gange. Sofort nach dem Bekanntwerden der ersten Auszählungen meldeten reihenweise ukrainische Städte, angefangen mit Kiew, Lwiw/Lemberg, Iwano-Frankiwsk, Ternopil und Winnizja Protest an: Sie weigerten sich, das Ergebnis anzuerkennen. Noch am Wahlsonntag beginnen die Proteste. Aus dem ganzen Land strömen Menschen in die verschneite Hauptstadt, um Viktor Juschtschenko zu unterstützen und gegen die Wahlfälschungen zu protestieren. Auf dem zentralen „Platz der Unabhängigkeit" in Kiew errichten sie eine Zeltstadt, in der schon in der ersten Nacht mehr als 2000 Menschen bei Frost ausharren und Wache halten. Die Menschenmenge, mit der Farbe Orange sich für die Opposition bekennend, wächst schon am Montag nach der Wahl auf über 100 000. Und sie wird 17 Tage nicht weichen. In Kiew beginnt ein Kampf, bei dem der anhaltende Massenprotest die stärkste Waffe der Opposition darstellt. Die Dramatik des Geschehens passiert folgende Stationen:

– *1. Tag nach der Wahl (22.11.):* Kiew füllt sich mit protestierenden Menschen. Juschtschenko veröffentlicht zusammen mit seiner streitbaren Mitkämpferin Julia Timoschenko und den beiden Parteiführern Oleksandr Moros und Anatoli Kinach einen „Appell an die Parlamente und Nationen der Welt", in dem die Fälschungen angeprangert werden und der mit der Aufforderung schließt, den „neuen Präsidenten der Ukraine Viktor Juschtschenko" zu unterstützen.

- 2. *Tag nach der Wahl (23.11.):* Viktor Juschtschenko erklärt sich zum Wahlsieger und legt nach einer turbulenten Sitzung der „Werchowna Rada“, des ukrainischen Parlaments, an der nur die Oppositionsabgeordneten teilnehmen, im Parlament symbolisch den Amtseid des Präsidenten mit einem Schwur auf die älteste ukrainische Bibel ab. Die Menschenmenge im Zentrum Kiews ist auf über 200 000 Menschen angewachsen.
- *3. Tag nach der Wahl (24.11.):* Die Zentrale Wahlkommission erklärt Viktor Janukowytsch offiziell zum Wahlsieger. Juschtschenko bekundet bei anderer Zusammensetzung der Wahlkommission seine Bereitschaft zur Wiederholung der Stichwahl. Inzwischen haben auch die Anhänger Janukowytschs in der Kiewer Innenstadt am Stadion eine eigene, „blaue“ Zeltstadt aufgeschlagen.
- *4. Tag nach der Wahl (25.11.):* Die Opposition legt Beschwerde gegen die Feststellung des Wahlergebnisses ein und hat damit Erfolg. Das Oberste Gericht untersagt die offizielle Veröffentlichung des Wahlergebnisses. Vorher müssten die Beschwerden geprüft werden.
- *6. Tag nach der Wahl (27.11.):* Das Parlament erklärt mit deutlicher Mehrheit (255 von 429 Stimmen) die Stichwahl für ungültig. In Kiew beginnt der „1. Runde Tisch“ mit Vertretern der ukrainischen Führung, der EU, Russlands und der OSZE zur Lösung der Staatskrise. Die Nacht vom 27. auf den 28. November wird noch einmal dramatisch. Sicheren Informationen nach sind Sondereinheiten des Innenministeriums unterwegs, um die „Orangene Revolution“ gewaltsam niederzuschlagen. Mit einer Telefondiplomatie ohnegleichen gelingt es Juschtschenko und seinen Vertrauten, diese Pläne zu durchkreuzen und dem Vorhaben ein Ende zu bereiten.

Das alte Regime hat verloren.

- *7. Tag nach der Wahl (28.11.):* Das Regionalparlament der Donezk-Region beschließt, die Bevölkerung noch im Dezember über ein Autonomie-Statut abstimmen zu lassen. In Sewerodonezk freunden sich 3500 Regionalparlamentarier mit der Idee der Bildung einer „Autonomen Südöstlichen Republik" mit Charkiw als Hauptstadt an. Die Nachricht von diesen separatistischen Aktivitäten löst im ganzen Land Beunruhigung aus.
- *8. Tag nach der Wahl (29.11.):* Das Oberste Gericht beginnt seine Anhörungen zu den Wahlfälschungen. Julia Timoschenko fordert Präsident Kutschma ultimativ auf, binnen 24 Stunden Janukowytsch als Ministerpräsidenten zu entlassen. Kutschma schließt erstmals eine Wahlwiederholung nicht mehr aus.
- *9. Tag nach der Wahl (30.11.):* Im Parlament erleidet die Opposition einen Rückschlag. Ein Misstrauensantrag gegen Premier Janukowytsch scheitert, und beinahe hätte die „Werchowna Rada" den Beschluss zur Ungültigkeit der Stichwahl annulliert.
- *10. Tag nach der Wahl (1.12.):* Diesmal gibt es eine knappe Mehrheit (228 von 450 Stimmen) im Parlament für einen Misstrauensantrag gegen die Regierung. Präsident Kutschma strebt, um Zeit zu gewinnen und einen neuen Kandidaten aufbauen zu können, eine komplette Neuwahl an und bezeichnet eine Wiederholung der Stichwahl als „Farce" und verfassungswidrig. Die internationalen Vermittler sind wieder in Kiew und bilden den „2. Runden Tisch".
- *11. Tag nach der Wahl (2.12.):* Der „Runde Tisch" erreicht, dass beide Lager eine Entscheidung des Obersten Gerichts über die Rechtmäßigkeit der Stichwahl akzeptieren werden.

- *12. Tag nach der Wahl (3.12.):* Das Oberste Gericht erklärt die Stichwahl wegen der massiven Wahlfälschungen für ungültig – unerwartet und von vielen geradezu umjubelt als Geburt der Ukraine als Rechtsstaat – und ordnet die Wiederholung der Stichwahl für den 26. Dezember an. Die Opposition feiert diesen Sieg. Aber zentrale Fragen bleiben strittig: das Schicksal der amtierenden Regierung, die Zusammensetzung der Zentralen Wahlkommission, notwendige Änderungen des Wahlrechts, um erneute Fälschungen zu vermeiden, und vor allem die von Kutschma geforderten Verfassungsänderungen zu den künftigen Befugnissen von Präsident und Parlament. Auch die internationalen Vermittler befürworten eine „Paketlösung".
- *15. Tag nach der Wahl (6.12.):* Der „3. Runde Tisch" erreicht mehrere Kompromisse, schafft es aber trotz einer zusätzlichen Nachtsitzung nicht, bei allen genannten Fragen eine Einigung zu erzielen.
- *16. Tag nach der Wahl (7.12.):* Präsident Kutschma beurlaubt Ministerpräsident Janukowytsch „auf eigenen Wunsch" und ebnet damit den Weg für die „Paketlösung".
- *17. Tag nach der Wahl (8.12.):* Die „Werchowna Rada" billigt mit großer Mehrheit (402 von 450 Stimmen) die ausgehandelte Paketlösung und beendet damit die ukrainische Staatskrise. Der Beschluss umfasst Änderungen des Wahlgesetzes, die Entlassung des Generalstaatsanwalts, eine am 1. September 2005 in Kraft tretende Verfassungsreform mit einer deutlichen Machtverschiebung vom Präsidenten auf das Parlament und eine grundsätzliche Einigung auf eine personelle Veränderung der Wahlkommission. Julia Timoschenko und ihre Fraktion stimmen dem Kompromiss nicht zu. Am

Abend tritt Juschtschenko noch einmal vor seine Anhänger und ruft ihnen zu: „Ihr wart die Helden in diesen Tagen!“, während ein Feuerwerk den Erfolg der „Orangenen Revolution“ illuminiert.

Majdan

Der Kalender der „Orangenen Revolution“ liest sich wie ein Protokoll des Unwahrscheinlichen. Alles fordert Erklärungen: Warum hat hier, in der Ukraine, die „Partei der Macht“ verloren? Waren es Fehler des Kutschma-Clans und seines Kandidaten, die zu diesem überraschenden Ergebnis führten? Oder konnte die Opposition unerwartete und geheimnisvolle Kräfte mobilisieren, um ihre Ziele zu erreichen? Anhand einiger Stichworte soll der Versuch gemacht werden, diese Fragen zu beantworten.

Diskrepanz von Macht und Ansehen: Am Ende seiner zehnjährigen Präsidentschaft war Leonid Kutschma im Ansehen der Wähler tief gesunken. Umfragen zeigten Zustimmungsraten von nicht mehr als sechs bis acht Prozent für einen Präsidenten, der durchaus wirtschaftliche Erfolge vorweisen konnte, seine Herrschaft aber nur noch durch wachsenden Druck und autoritäre Maßnahmen gegen eine mündiger werdende Gesellschaft durchzusetzen vermochte. Jeder verstand, was er mit seinem Kandidaten Janukowytsch erreichen wollte: eine Absicherung des „Systems“ mit seinen engen und lichtscheuen Verflechtungen von Politik und Oligarchenwirtschaft sowie die rechtliche Unantastbarkeit des bisherigen Präsidenten und seines Clans. Das war ein klares Weiter-so-Programm. Es wurde repräsentiert von einem Kandidaten, von dem man keine einzige Idee zur Zukunft der Ukraine erwarten konnte, der aber bestens geeignet schien, ohne Glanz und Charisma exakt diese beiden Kutschma-Wünsche zu erfüllen.

Bei Kutschmas Skandalen und seinem desolaten Ansehen in der Bevölkerung konnte man einen solchen Wahlkampf nur mit Brutalität und Schmutz gewinnen. Aber genau diese Methoden erwiesen sich als Bumerang: Sie stießen ab und provozierten Widerstand, auf den dann die wenig zielgenauen Geschütze der „administrativen Ressourcen" gerichtet wurden. Das wiederum wirkte nur noch abstoßender und aktivierte neues Oppositionsengagement. Schon vor den Wahltagen mehrten sich Nachrichten über Zeichen von Zivilcourage und Widerstand, wenn etwa Journalisten wegen der einseitigen und diffamierenden Behandlung der Opposition gruppenweise einfach nicht mehr mitmachten und unter vollem Eigenrisiko kündigten.

Subversive Kommunikation: Die Methode, der Opposition den Zugang zu den meisten Medien abzuschneiden, zwang sie regelrecht dazu, ein informelles alternatives Kommunikationsnetz aufzubauen. Das gelang, vor allem auf der Basis des Internet. Eine kleine Geschichte steht für viele Formen der subversiven Kreativität: Als in der letzten Novemberwoche ein Nachrichtensprecher auf dem Staatssender UT-1 gerade den angeblichen Wahlsieg von Viktor Janukowytsch verkündete, übermittelte die Gebärdendolmetscherin Natalja auf dem Gehörlosenkanal die Botschaft: „Glaubt der Wahlkommission kein Wort, sie lügen!" Die Kolportage dieses symbolischen Vorgangs durch alle für die Opposition erreichbaren Medien entfaltete eine elektrisierende Wirkung. Während der Kundgebungen auf dem Unabhängigkeitsplatz in Kiew war über das Netzwerk und mit Hilfe von Tausenden von Studenten und Sympathisanten im Ausland stets gewährleistet, dass die neuesten Nachrichten – über Presseerklärungen, Interviews, Parlamentsdebatten zu den ukrainischen Ereignissen, egal wo sie herkamen – quasi online zur Verfügung standen und sofort weitergegeben wurden. Die Kommunikationsstrategien der Machteliten wirkten dagegen geradezu dinosaurisch. So wurde etwa den Anhängern von Janukowytsch in Donezk erst einmal erzählt, die Demonstranten in Kiew würden einen faschistischen Umsturz planen und ihre Teilnahme sei mit je 30 Dollar aus amerikanischen Quellen erkauft (was als Kombination den gesunden Menschenverstand schon definitiv auf die Probe stellt). Und dann wurden sie mit einem Taschengeld ausgestattet und in Busse nach Kiew gesetzt, wo sie auf dieses friedliche orangene Menschenmeer stießen, ohne jede Chance, Faschisten oder dollarbezahlte Agenten zu finden.

Community der sanften Entschlossenheit: Die am häufigsten wiederholten Slogans der Bürgerrechtsbewegung lauteten: „Wir halten zusammen! Wir sind viele! Man wird uns nicht besiegen!" Die Mehrzahl derer, die kamen, hatte einen Entschluss gefasst, hatten etwas hinter sich gelassen. Viele waren von ihren Arbeitsplätzen weggegangen, ohne Rücksicht auf die Zukunft ihrer Existenz. Sie hatten sich selbst die Rückkehr in die Normalität des bisherigen Lebens verbaut. Und nun trafen sie auf sehr viele Menschen, die ohne Absprache denselben Entschluss gefasst hatten. Kollektive Erinnerungen an andere schwere Zeiten wurden wach, die man auch nur durch solidarische Lastenteilung und gegenseitige Hilfe überstanden hatte. Es bildete sich ein Gemeinschaftsgefühl, das Gewalt und Aggressivität entschieden ablehnte und sich von einem freundlichen, ja fröhlichen und ansteckenden

Optimismus nährte. Diese Erfahrung, dass immer mehr kamen, dass die, die zurückmussten, andere schickten, und dass alle entschlossen waren, solange zu bleiben, bis der plumpe Betrug korrigiert war, gab der „Orangenen Revolution“ eine Kraft, an der die alten Machtstrukturen am Ende verzweifelten. Es waren eben viele da draußen und die Art des Protestes nicht so, dass er sich nach ein paar Warnschüssen verkrochen hätte. Das Zentrum der Macht war verunsichert. Die Miliz fraternisierte mit der Bürgerbewegung, das Militär erklärte sich für neutral und einige Generale deuteten mit dem Slogan „Nicht gegen das Volk!“ ihre Bereitschaft an, bis zur Gehorsamsverweigerung zu gehen. Kutschma konnte eine Gewaltanwendung nicht riskieren.

Das Gemeinschaftserlebnis bekam auch Flügel durch die fast durchgängige Parteinahme der ukrainischen Intelligenz und Kultur. In Kiews Innenstadt wurden viel mehr Konzerte gegeben als Reden gehalten. Jeder Prominentenauftritt wurde bejubelt – von der Schlagersängerin und Eurovisionssiegerin Ruslana (die sogar die Seiten gewechselt hatte) bis zu den Boxidol-Brüdern Klitschko. Die Begeisterung des Publikums trug manche Grußadressen europäischer Parlamentarier zu emotionalen Höhenflügen davon. Und es waren die Ikonen der gewaltfreien Systemveränderung, die dem „Kiewer Frühling im Novemberschnee“ seine historische Selbsteinordnung erleichterten. So schickte Václav Havel aus dem fernen Asien eine Solidaritätsbotschaft: „Demonstranten, euer Verhalten erinnert mich an die sanfte Revolution in Prag 1989. Bleibt friedlich! Und den Journalisten rufe ich zu: Lasst euch nicht einschüchtern und schreibt die Wahrheit!“ Lech Walesa begrüßte am 25. November das Geschehen mit den Worten: „Es freut mich, dass das ukrainische Volk erwacht ist und jene Änderungen und Freiheiten fordert, die die Region braucht", um dann selbst an den Dnjepr-Strand zu eilen. Und Michail Gorbatschow sprach von einem „zweiten Mauerfall".

Hauptort der „Orangenen Revolution" war der Majdan Nesaleschnosti (Unabhängigkeitsplatz), der sich mitten im Zentrum von Kiew zu beiden Seiten des 100 Meter breiten Prachtboulevards Chreschtschatik ausbreitet. Es ist ein beziehungsreicher Ort, der noch bis 1991 den Namen „Platz der Großen Sozialistischen Oktoberrevolution" trug und sich von einer stattlichen Leninstatue schmücken ließ. Es war Präsident Kutschma gewesen, der schon ab 1996 Pläne hegte, hier ein Denkmal der Unabhängigkeit zu errichten. Der 10. Geburtstag der modernen Republik Ukraine am 24. August 2001 diente dann zum Anlass, nach mehreren gescheiterten Architekten-Wettbewerben mit der Rekonstruktion des Majdan Ernst zu machen. Das Denkmal-Ensemble sollte sich der nationalen Geschichte der Ukraine als eigenständiger Staat vergewissern. Kutschma ließ zunächst unter dem Platz zwei weitläufige Zentren mit Geschäften und Restaurants errichten, ehe er daran ging, den Unabhängigkeitsplatz mit Denkmälern zu möblieren. Blickfang der Südseite wurde als „Denkmal der Unabhängigkeit" eine 61 Meter hohe Säule, gekrönt von einer Frauenfigur, die das „Mädchen Ukraine" (auch „Ruhm für die Ukraine" genannt) darstellt. Zwei Skulpturengruppen flankieren das Säulenensemble: eine Bronze des Bandura spielenden Kosaken Mamaj und die Gruppe der legendären Stadtgründer Kyj, Schtschek und Choriw gemeinsam mit ihrer Schwester Lybid. Die Nordseite des Majdan schmückt eine Nachbildung des aus der Mitte des 18. Jahrhunderts stammenden Petschersk-Tors, auf das man eine Figur des Erzengels Michael, des Schutzheiligen von Kiew, gepflanzt hat, die von den Jugendlichen der Hauptstadt wegen ihrer ausgebreiteten Flügel respektlos „Batman“ genannt wird.

Die Rekonstruktion des Majdan wurde von Präsident Kutschma ohne einen ernsthaften gesellschaftlichen Diskurs quasi im Alleingang entschieden und von einer Kommission williger „Fachleute“ abgenickt. Sie blieb immer umstritten und wurde als „sowjetisch in der Form und national im Inhalt“ beschrieben und als Versuch einer „autoritären Integration von oben“ gedeutet (Wilfried Jilge). Der Majdan hatte immer die Funktion des zentralen Ortes für gesellschaftliche Manifestationen und Proteste. Hier gab es schon Zeltstädte als Zeichen des Protestes während des legendären Hungerstreiks der Studenten gegen die Parteidiktatur der KPdSU im Jahr 1990 und während der Demonstrationen der Studentenbewegung „Prawda“ für Pressefreiheit und Rechtsstaatlichkeit nach der Ermordung des regimekritischen Journalisten Gongadze Anfang des Jahres 2001. In den orangenen Novembertagen des Jahres 2004 holten sich die Ukrainer diesen Platz zurück. Die Zelte der Opposition mitten auf dem Majdan und die 17-tägigen Demonstrationen setzten der gescheiterten Integration von oben einen spontanen Integrationsprozess von unten entgegen. Dass dies genau hier geschah, wo das bisherige autoritäre Herrschaftssystem und ihr Präsident drei Jahre zuvor den Versuch gemacht hatten, mit der Umgestaltung des Majdan ihr Staatsverständnis in die Kontinuität der ukrainischen Nationalgeschichte zu stellen und damit ihre eigene Legitimation zu erweitern, ist Ausdruck einer besonderen symbolischen Konstellation. Ob wir tatsächlich Zeuge einer „Neugründung“ der Ukraine wurden und ob die „Orangene Revolution“ zum „Gründungsmythos einer demokratischen Ukraine“ (Thomas Urban) werden kann, ist noch nicht entschieden. Der Majdan Nesaleschnosti hat aber auf jeden Fall in den Novembertagen 2004 die verordnete, in Stein gemeißelte Erinnerungskultur abgeworfen und all die menschlichen Sinneseindrücke dieser 17 Tage und Nächte, ganz im Wortsinn seines Namens, in sich aufgenommen.

Am 26. Dezember 2004 erreicht Viktor Juschtschenko in der wiederholten Stichwahl 52 Prozent der Stimmen, sein Widersacher Viktor Janukowytsch kommt auf 44,2 Prozent. Diesmal passen 12 000 internationale Wahlbeobachter auf, und sie sprechen hinterher von weitgehend freien und demokratischen Wahlen. Der Verlierer will das nicht akzeptieren und legt vier Beschwerden beim Obersten Gericht ein, das diese aber am 30. Dezember zurückweist. Als Janukowytsch, als Ministerpräsident ja vorerst nur beurlaubt, versucht, seine Amtsgeschäfte wieder aufzunehmen, sind die Demonstranten wieder da und blockieren das Ministerratsgebäude. Daraufhin erklärt der Premier am Silvestertag 2004 seinen Rücktritt, den Präsident Kutschma am 4. Januar 2005, mit fünftägiger Verspätung, annimmt.

Am letzten Tag des Jahres 2004 feiert der Majdan noch einmal. Viktor Juschtschenko kann nun sicher sein, neuer Präsident der Ukraine zu werden. Er dankt noch einmal seinen Anhängern für ihre unermüdliche Unterstützung. Er hat einen Gast dabei. Aus dem Kaukasus ist Michail Saakaschwili angereist, selber in der unblutigen „Rosenrevolution" ein Jahr zuvor in Georgien Präsident geworden, und er versichert seinen Zuhörern, auf diesem Platz, dem Majdan, werde die Zukunft Europas beschlossen.

Großer Bruder Russland

Das Grenzland-Syndrom

Als Land hat die Ukraine eigentlich keine Veranlassung zu Minderwertigkeitskomplexen, mit ihrer zweiten Position als Flächenstaat in Europa und ihrem sechsten Platz, wenn man die Bevölkerung zählt (nach den Russen, Deutschen, Briten, Franzosen und Italienern). Auch die wirtschaftliche Entwicklung macht Mut, nachdem die mit der Auflösung der Sowjetunion verbundenen Anfangsschwierigkeiten in den Jahren nach 1991 überwunden werden konnten. Seit 1997 ist die Wirtschaft des Landes um 40 Prozent, die Industrieproduktion sogar um 70 Prozent gewachsen. Wachstumsraten des BIP von 9,4 Prozent 2003, mit einer zweistelligen Fortsetzung 2004 (wobei die Auswirkungen der „Orangenen Revolution" abzuwarten sind) und einer Prognose von 9–10 Prozent für 2005 veranlassten „Business Week" zu einer Qualifizierung als „superhot economy". Die nackten Zahlen schweigen allerdings über die Schattenseiten des Booms: so über die magere Summe ausländischer Direktinvestitionen (seit 1991 ganze 7 Milliarden US-Dollar, während nach Polen im selben Zeitraum 50 Milliarden flossen), über die korrupte Verflechtung zwischen Wirtschaft und Politik, über den Umfang der Schattenwirtschaft und über das Ausmaß der Oligarchisierung der Wirtschaft, die einen Rekord im ganzen postsowjetischen Raum hält.

Der verbreitete Mangel an Selbstgewissheit hat seine Wurzeln in der historischen Vergangenheit des Landes. In der tausendjährigen Geschichte der Ukraine finden sich nur schmale Zeitinseln von Eigenstaatlichkeit. Der im 9. Jahrhundert gegründete erste ostslawische Staat mit seiner Blütezeit im 11. bis 13. Jahrhundert nannte sich „Kiewer Rus“. In Kiew ließ sich Fürst Wladimir im Jahr 988 taufen, und von dort aus nahm die Christianisierung der Rus und des heutigen Territoriums von Russland sowie die Ausbreitung der kyrillischen Schrift und Kultur auf das russische und auf andere slawische Völker ihren Ausgang. Doch die russische Geschichtsschreibung ignorierte die Existenz ostslawischer, noch nicht eindeutig als Ukrainer, Russen oder Weißrussen zu bestimmender Stämme und beanspruchte diese erste Staatsbildung, aus deren Namen sich das Wort „Russland“ ableitet, für sich selbst. Man ließ sich dabei auch nicht von dem berühmten ukrainischen Historiker Mychailo Hruschewskyj aus Lemberg abbringen, der sein zehnbändiges Hauptwerk „Geschichte der Ukraine-Rus“ nannte. In der Folgezeit wird die Ukraine immer wieder Bestandteil anderer Staaten, die sich im historischen Wechsel auf ukrainischem Boden etablieren oder ihn sich aneignen: das Großfürstentum Litauen, das Königreich Polen, später Polen-Litauen, dann Polen, das Russische Reich, das Habsburgerreich und schließlich die Sowjetunion. Die Ukrainer werden immer wieder aggressiven Assimilierungsversuchen ausgesetzt. Kein Wunder, dass sie dazu neigen, die wenigen und eher kurzen eigenstaatlichen Phasen zu mythologisieren: das Fürstentum Galizien-Wolhynien im 13./14. Jahrhundert, den Kosakenstaat aus dem 17. Jahrhundert, die Periode des Hetmanats von 1918 und die ukrainische Volksrepublik von 1918 bis 1920.

Im 20. Jahrhundert mutiert das „Land an der Grenze“ (das bedeutet der Name Ukraine wörtlich) vom Objekt zum Opfer. 1932/1933 werden in der Ukraine sechs bis sieben Millionen Menschen vernichtet, davon allein dreieinhalb Millionen durch den „Holodomor“: Dies war der Hungerterror als Folge von Stalins Zwangskollektivierung und seines Vernichtungsfeldzuges gegen die Großbauern (Entkulakisierung). Während der Kämpfe des Zweiten Weltkrieges und der Besatzung durch Hitlerdeutschland kommen noch einmal 5 bis 7 Millionen Ukrainer ums Leben. Bei der 778 Tage dauernden deutschen Okkupation Kiews verliert die Stadt mehr als 200 000 ihrer Bewohner. Dieses Erfahrungsgepäck lastet auf den Schultern der 1991 in die Unabhängigkeit aufgebrochenen Nation. Juri Andruchowytsch, der inzwischen auch im Westen bekannt gewordene Schriftsteller und Essayist aus Iwano-Frankiwsk, hat dieses Bewusstsein mit wenigen Sätzen auf den Begriff gebracht: „Zwischen Russen und Deutschen eingezwängt zu sein ist die historische Bestimmung Mitteleuropas. Die mitteleuropäische Angst schwankt historisch zwischen zweierlei Sorge hin und her: Die Deutschen kommen, die Russen kommen. Der mitteleuropäische Tod, das ist der Tod im Lager oder im Gefängnis, ein kollektiver Tod. *Massenmord, Säuberungen.* Die mitteleuropäische Krise, das ist die Flucht. Aber woher, wohin? Vor den Russen zu den Deutschen? Oder vor den Deutschen zu den Russen? Gut, dass es auf der Welt im Notfall noch Amerika gibt.“ (Mittelöstliches Memento)

Verunsicherung bringt auch die Gegenwart. Als sich am 1. Dezember 1991 die große Mehrheit der Ukrainer in einer Volksabstimmung für die Loslösung von der Sowjetunion entscheidet und damit das Schicksal der UdSSR besiegelt, dauert es nicht lange, bis Moskau über die „Gemeinschaft Unabhängiger Staaten“ (GUS) diesen Zerfallsprozess wenigstens partiell wieder rückgängig zu machen versucht. Große Erfolge werden dabei nicht erzielt. Aber für die politische Klasse Russlands steht fest, dass die Ukraine eigentlich zu Russland gehört. Noch 1997 bekannten bei einer

Umfrage in Russland 56 Prozent der Befragten, für sie seien Ukrainer und Russen Angehörige desselben Volkes. Die russische Politik hat daraus immer wieder Ansprüche abgeleitet, die weit über eine normale Interessenwahrnehmung hinausreichen. Die fast selbstverständliche Behandlung der Ukraine als „allernächstes Ausland“, verbunden mit dem Gestus des großen Bruders, der viele Ukrainer an ihre historische Einordnung als „Kleinrussen“ in der Zarenzeit erinnert, provoziert immer wieder auch Ukrainer, die gute Beziehungen mit der Russischen Föderation für alternativlos halten. Eigenartigerweise hat die russische Herablassung gegenüber der Idee und der Realität einer eigenständigen Ukraine auch auf den Westen abgefärbt. So viele dumme Fragen, wie sie Ukrainer im Ausland über ihre tatsächliche Existenz und Unterscheidbarkeit von den Russen beantworten müssen, würde niemand einem Letten, Kasachen oder Georgier zumuten. Kein Wunder, dass da der schon zitierte Juri Andruchowytsch darauf beharrt, dass ihm Dostojewski nicht notwendig näher sein müsse als Hesse, dass er Komplimente, die dem russischen Ballett gelten, nicht annehme, und dass ihn die Melodie von „Kalinka“ völlig kalt lasse. Sogar Leonid Kutschma hat ein Buch geschrieben, das den Titel trägt „Die Ukraine ist nicht Russland“.

Das ukrainische Grenzland-Syndrom erfordert ganz offensichtlich Sensibilität im Umgang mit diesem Land, das nach seiner genauen Ortsbestimmung und Idee noch tastet. Die russische Politik hat bei den Ereignissen des Jahres 2004 rund um die „Orangene Revolution“ diesem Gebot allzu wenig Achtung geschenkt.

Der Kreml hat sich sehr früh dafür entschieden, sich auf die Seite von Leonid Kutschma und seinem Zögling Janukowytsch zu stellen. Völlig selbstverständlich war das nicht. Aus der Sicht russischer Interessen wäre die Unterstützung des Oppositionskandidaten durchaus begründbar gewesen. Während Juschtschenkos kurzer Regierungszeit 1999 bis 2001 haben russische Privatkonzerne die Privatisierungspolitik des ukrainischen Premierministers gut genutzt und ihre Anteile an der ukrainischen Industrie erfolgreich ausgebaut. Sie übernahmen damals sogar die vier wichtigsten Raffinerien des Landes. Von einer Verschlechterung des ukrainisch-russischen Verhältnisses in dieser Zeit kann keine Rede sein. Russische Investoren haben wenig Grund, auf Kutschma und Janukowytsch zu setzen. Beide sind Teil eines korrupten Netzwerkes von Politik und Oligarchie und bedienen im Zweifelsfall die Interessen der Bosse, von deren Geld sie abhängen. Präsident Kutschma lieferte dafür im Mai 2004 einen eindrucksvollen Beleg, als es um die Privatisierung des Stahlgiganten „Krywojrogstal" ging. Den Zuschlag bekam der „Röhrenkönig" Viktor Pintschuk, Kopf der Dnipropetrowsker Oligarchengruppe, der auch Kutschma entstammt. Zufällig ist er auch der Schwiegersohn des Präsidenten. Pintschuk hatte 800 Millionen US-Dollar geboten. Das höhere Gebot des russischen Mitbieters Severstal blieb ebenso ohne Chance wie das Angebot von U. S. Steel, wobei die Amerikaner sogar 1,5 Milliarden US-Dollar auf den Tisch legen wollten. Andere russische Investoren haben längst die Erfahrung gemacht, dass sie im Umfeld des Donezker Oligarchen-Clans auf eifersüchtige Verhinderungsstrategien des dort allmächtigen Rinat Achmetow stoßen, des wichtigsten Kumpels und Förderers von Viktor Janukowytsch.

Oppositionsführer Juschtschenko trat an, diese undurchsichtigen Verflechtungen von Politik und Privatwirtschaft aufzulösen, die Korruption zu bekämpfen und transparente marktwirtschaftliche Bedingungen zu schaffen: gute Nachrichten für ausländische, also auch russische Investoren. In der Sache müsste man bei Wladimir Putin sogar Sympathien für ein solches Programm erwarten – hatte er doch sein rigoroses Vorgehen gegen den russischen Oligarchen Michail Chodorkowskij damit begründet, es sei unerträglich, dass womöglich am Fiskus vorbeigeschleuste Oligarchen-Milliarden zur Steuerung von Politik eingesetzt würden. Nach dieser Devise hätte der russische Präsident Viktor Juschtschenko oder gar der wacker gegen die Oligarchen ins Feld ziehenden Amazone Julia Timoschenko jeden erdenklichen Erfolg wünschen müssen.

Das tat Putin aber nicht. Aufgeschreckt durch den überraschenden, aus russischer Sicht schädlichen Regierungswechsel in Georgien Ende 2003, wollte man in der Ukraine durch rechtzeitiges Handeln eine weitere Überraschung vermeiden. Schon im Juli 2004 taucht der Kreml-Administrationschef Dmitrij Medwedew in Kiew auf. Ein „Russischer Club“ wird eröffnet, und fortan stehen bekannte, in solchen Schlachten erprobte Moskauer „Polittechnologen“ zur Verfügung – unter ihnen Gleb Pawlowskij, Kreml-Berater und Leiter der „Stiftung für effektive Politik“, und Sergej Markow, Direktor des Moskauer Instituts für Politische Studien.

Die Arbeitsebene reicht nicht. Der russische Präsident wird selber aktiv, lädt Kutschma und Janukowytsch für alle sichtbar zu seiner Geburtstagsfeier ein und fährt mehrmals in die Ukraine – zuletzt für drei volle Tage, vom 26. bis 28.

Oktober 2004, unmittelbar vor dem Wahltag. Als Höhepunkt des Programms nehmen die Staatslenker an einer Militärparade mit Verbänden in historischen Uniformen aus Anlass des 60. Jahrestages der Befreiung der Ukraine vom Hitlerfaschismus teil, in der Putin eigens die Rote Fahne aus der Asservatenkammer des Kremls mitgebracht hat. Diese soll 1945 auf dem Dach des eroberten Reichstags geweht haben. (Das Datum des Befreiungstages wird extra ein bisschen verschoben, damit der zeitliche Zusammenhang mit dem Wahltag erhalten bleibt.) Auch an Geschenke hat der Große Bruder gedacht: Künftig dürfen Ukrainer ohne Registrierung für drei Monate nach Russland reisen (bisher für drei Tage), und die Einführung der doppelten Staatsbürgerschaft wird in Aussicht gestellt.

Die russische Führung wollte nicht wahrhaben, dass der ganze Einsatz am Ende ohne durchschlagende Wirkung blieb. Am Abend des 22. November, dem Montag nach der Stichwahl, als die Berichte von den groben Wahlfälschungen schon um den ganzen Globus kreisten, gratuliert Wladimir Putin dem vermeintlichen Wahlsieger Janukowytsch: „Der Wahlkampf war hart, aber die Schlacht offen und ehrlich und der Sieg überzeugend." Diese ungewollte Anfeuerung der Bürgerbewegung überbietet nur noch Boris Gryslow, Präsident der Duma und während der Wahlphase Sondergesandter des russischen Präsidenten in Kiew: Für ihn waren die Wahlen „maximal demokratisch" und gaben keinerlei Anlass zur Anfechtung. Nachdem die Zentrale Wahlkommission am 24. November das offizielle Wahlergebnis verkündet hatte, an dessen Korrektheit weltweit Zweifel geäußert werden, gratuliert Putin am 25. November noch einmal Viktor Janukowytsch und fügt voller Genugtuung an: „Nun wurden für die strategische russisch-ukrainische Partnerschaft die günstigsten Bedingungen geschaffen, eine neue Stufe hoher Qualität zu erreichen." Zu diesem Zeitpunkt hat die Opposition in Kiew schon Beschwerde beim Obersten Gericht eingelegt.

Am 2. Dezember 2004 eilt der ratlose Kutschma nach Moskau und trifft sich mit dem russischen Präsidenten auf dem Flughafen Wnukowo II. Schnell einigt man sich auf ein Nein zu einer Wiederholung der Stichwahl. Putins Begründung: „Man könnte zum dritten, vierten, 25. Mal den Wahlgang wiederholen, bis eine von zwei Seiten das gewünschte Ergebnis erzielt hat." Die russische Presse reagiert, nicht zum ersten Mal in Sachen russischer Ukraine-Politik, kritisch. Einen Tag später erklärt das Oberste Gericht der Ukraine die Stichwahl für ungültig und ordnet ihre Wiederholung für den 26. Dezember an.

Das Desaster der russischen Politik lässt sich nicht mehr verstecken. Die Tonlage gegenüber dem Westen wird schroffer. Die Politiktechnologen brauchen eine Erklärung dafür, dass sie – zum wiederholten Male – versagt haben. Sie entscheiden sich für die Flucht nach vorne, in geopolitische Verschwörungstheorien. Kein Wort darüber, was in der Ukraine passiert ist, wie es kommen konnte, dass die „Partei der Macht" die Kontrolle verlor. Stattdessen Aggression pur, nachzulesen in Gleb Pawlowskijs Interview am 7. Dezember 2004 in der Moskauer „Nesawisimaja Gaseta": Es müssen schon globale Kräfte am Werk sein, wie etwa die „administrativen Ressourcen Amerikas", die eine antirussische Konterrevolution in der Ukraine inszeniert haben. Die russische Führung habe sich nicht etwa zu sehr, sondern zu spät und zu unentschlossen eingemischt: „Eine echte Einmischung, so wie sie notwendig gewesen wäre, hat es nicht gegeben – und unsere ukrainischen Freunde nehmen uns das zu Recht übel."

Das Desaster sei erst gekommen, weil man der Revolution „nicht rechtzeitig eines in die Fresse gegeben habe".

Auf der Führungsebene werden etwas sanftere Töne angeschlagen. Doch auch Putin wirft dem Westen Einmischung zulasten Russlands vor, als sei es bei den ukrainischen Präsidentschaftswahlen allein darum gegangen, welche Seite die Wahlen von außen erfolgreicher manipuliert. Es ist das alte Lied: Die Ukrainer als Subjekte, als Verantwortliche für ihr eigenes Handeln, gibt es gar nicht.

Natürlich hat es auch andere Stimmen in Russland gegeben. Michail Gorbatschow mit seinem Vergleich zum Fall der Berliner Mauer wurde schon zitiert. Boris Nemzow, Vertreter der demokratischen Oppositionspartei „Union der Rechten Kräfte" (SPS), eilte nach Kiew zur Unterstützung Juschtschenkos. Die große moralische Instanz „Memorial", Russlands wichtigste Menschenrechtsorganisation, warnte vor einem Rückfall in imperiales Denken und vor der direkten Einmischung in die inneren Angelegenheiten eines souveränen Staates.

Natürlich gab es Versuche der Schadensbegrenzung. Der russische Außenminister Sergej Lawrow lobte in der deutschen Presse die Zusammenarbeit von EU und Russland während der Krise und beschwichtigte: „Wenn das Prinzip der Nichteinmischung in die inneren Angelegenheiten der Ukraine beibehalten wird und der Ukraine das Recht gelassen wird, sich ihre Partner selbst auszusuchen, sehe ich keine Gefahr eines neuen Kalten Krieges." Wenn der Westen aber die Ukraine „von einem Nachbarn wegreißen" wolle, müsste man das als „Element der Isolierung Russlands" sehen. (Handelsblatt, 2. Januar 2005)

Natürlich war Viktor Juschtschenko so klug, noch vor seinem Triumph in der wiederholten Stichwahl anzukündigen, bei einem Wahlsieg zuerst nach Moskau reisen zu wollen. Dabei bezeichnete er Russland als „strategischen Partner der Ukraine“ und betonte seine Bereitschaft, mit Putin über den „Einheitlichen Wirtschaftsraum“ zu sprechen. Er verkneift sich dabei aber nicht die Bemerkung, dass Russland derzeit selber 55 Prozent seiner Produktion im Westen verkaufe.

Aus der ukrainischen Staatskrise und Russlands Umgang mit der „Orangenen Revolution“ muss keine langfristige Belastung im Verhältnis Russische Föderation – Westen entstehen. Es gibt genügend besonnene Kräfte auf beiden Seiten, die genau dies verhindern wollen.

Aber die russische Verhaltensweise wirft doch einige ernsthafte Fragen auf. Weshalb sollte um fast jeden Preis ein Wahlsieg von Oppositionsführer Viktor Juschtschenko verhindert werden? Weshalb pochte Putin noch auf einen Wahlsieg von Janukowytsch, als sich schon die ganze Welt über die groben Fälschungen erregte? Weshalb riskierte der Kreml bis zuletzt ein schwer heilbares Zerwürfnis mit dem gewählten Präsidenten seines wichtigsten Nachbarlandes?

Wir finden die Antworten erneut bei russischen Politikberatern wie etwa Wjatscheslaw Nikonow, dem Chef des Moskauer „Forschungsinstituts Politika“, der seine Befürchtungen so ausdrückt: „Ein Sieg Juschtschenkos würde einen Beitritt der Ukraine zur NATO innerhalb der nächsten zwei Jahre und den Abschied des Landes von den Plänen eines gemeinsamen Marktes mit Russland bedeuten – beides wäre für Russland nicht gut.“ Und sein Kollege Sergej Markow vom Moskauer Institut für Politische Studien assistiert schon fast resignativ: „Die Ukraine ist nur eine Schachfigur im geopolitischen Spiel des Westens gegen Russland.“

Die russische Führung unterstellt also dem Wahlsieger Juschtschenko, die Ukraine weg von Russland in NATO und EU führen zu wollen. Trotz all der engen und partnerschaftlichen Beziehungen, die sich längst zwischen NATO, EU und Russland entwickelt haben – ein solches Vorhaben wäre aus dieser Sicht immer noch ein antirussischer Akt. Er stünde im Widerspruch zu den oft unausgesprochenen und nicht selten von nostalgischen Gefühlen begleiteten russischen Träumen von der Wiedererrichtung eines Reiches oder einer Union mit Moskau als Mittelpunkt. Noch bleibt unscharf, wie man sich diese Option sichern will – über wirtschaftliche Durchdringung, die Bildung eines gemeinsamen Marktes mit wechselseitiger Abhängigkeit, über enge persönliche Bande zwischen dem Führungspersonal oder durch Kontrolle über Personalentscheidungen. In jedem Fall erscheint das Offenhalten dieser Option der russischen politischen Klasse so wichtig, dass sie – wie sich am Fall Ukraine ablesen lässt – zu hohen Risiken bereit ist. In Kiew wurde das Spiel, das von Russland selbst zu geopolitischer Bedeutung erhoben worden war, vorerst verloren. Ein schwerer Schaden bleibt, auch wenn sich die düsteren Prognosen über ein gegen Russland gerichtetes politisches Abdriften der Ukraine nicht bestätigen werden.

Wenn aber die Ukraine tatsächlich für die russischen Reintegrationsvorstellungen in Zukunft nicht mehr zur Verfügung steht, dann bleibt Russland gar nichts anderes übrig, als seine gesamte Politik und seine Interessen im postsowjetischen Raum gründlich zu überprüfen – gerade weil es sich um die Ukraine handelt, die, als Teil seiner selbst anzusehen Russland nie aufgehört hat. Aus dieser Notwendigkeit ergibt sich auch eine große Chance für Russland. Russland in diese Entscheidungssituation gebracht zu haben, könnte sich als wichtigste politische Fernwirkung der „Orangenen Revolution" erweisen.

Was aber mit der Ukraine selbst geschieht, das hängt auch von den Reaktionen in der EU und in der ganzen westlichen Welt ab.

Der lange Weg nach Westen

Das amerikanische Schachspiel

Wenn die russische politische Klasse die Ukraine als einen Staat von begrenzter Existenzberechtigung betrachtet und das Nachbarland bestenfalls als Objekt eigener geostrategischer Gedankenspiele behandelt, dann kann sie mit Recht darauf verweisen, dass andere mit umgekehrten Vorzeichen dasselbe tun. In dem 1997 erschienenen Band „The Grand Chessboard" (deutsch: Die einzige Weltmacht) von Zbigniew Brzezinski, dem ehemaligen Sicherheitsberater von US-Präsident Carter, kommt fast auf jeder zweiten Seite die Ukraine vor. Der Autor steht in der Tradition der amerikanischen Containment-Politik gegenüber Moskau. Sein Hauptinteresse besteht darin, eine westliche Strategie zu entwerfen, die Russland nach der Auflösung der Sowjetunion daran hindert, erneut ein „Imperium" zu bilden. Dabei ist seine These, dass Moskau ohne die Ukraine eine „imperiale Restauration" nicht schaffen kann.

Folgerichtig setzt Brzezinski auf eine Westintegration Kiews. Für das Jahr 1997 kann man dem Geostrategen gewisse seherische Fähigkeiten nicht absprechen, wenn er voraussagt: „Da die EU und die NATO sich nach Osten ausdehnen, wird die Ukraine schließlich vor der Wahl stehen, ob sie Teil einer dieser Organisationen werden möchte. Es ist davon auszugehen, dass sie, um ihre Eigenständigkeit zu stärken, beiden beitreten möchte, wenn deren Einzugsbereich einmal an ihr Territorium grenzt und sie die für eine Mitgliedschaft notwendigen inneren Reformen durchgeführt hat. Obwohl dies Zeit brauchen wird, kann der Westen – während er seine Sicherheits- und Wirtschaftskontakte mit Kiew weiter ausbaut – schon jetzt das Jahrzehnt zwischen 2005 und 2015 als Zeitrahmen für eine sukzessive Eingliederung ins Auge fassen." Auch Brzezinski geht es in seinem Schachspiel nicht um die Ukraine oder um irgendwelche Fragen kultureller oder geschichtlicher Zusammenhänge. Er will den „worst case" verhindern, den er wie folgt sieht: „Wenn Moskau allerdings die Herrschaft über die Ukraine mit ihren 52 Millionen Menschen, bedeutenden Bodenschätzen und dem Zugang zum Schwarzen Meer wiedergewinnen sollte, erlangte Russland automatisch die Mittel, ein mächtiges, Europa und Asien umspannendes Reich zu werden."

Mit seinen konkreten Empfehlungen, deswegen die „Konsolidierung einer souveränen Ukraine" zu einem Kernpunkt der US-Politik zu machen, hat Brzezinski durchaus Wirkung erzielt, wenn auch nicht sofort. Zwar vertieften sich während der Clinton-Zeit die amerikanisch-ukrainischen Wirtschaftsbeziehungen (Gore-Kutschma-Kommission) und Kiew wurde Ende der 90er Jahre zum drittwichtigsten Empfänger von US-Auslandshilfe. Aber die Skandale des ukrainischen Präsidenten und der Absturz seines internationalen Ansehens zwangen Washington, nach neuen Ansätzen zu suchen. Ab 2002 setzte die amerikanische Politik dann auf Stärkung der ukrainischen Zivilgesellschaft und Unterstützung der politischen Opposition. Im US-Bundeshaushalt 2004 standen 189 Mio. US-Dollar für Ukraine-Hilfen, davon 55 Millionen für mit den Wahlen verbundene Demokratieprogramme.

Viel Geld floss über Stiftungen und Beratungsgesellschaften an ukrainische Nichtregierungsorganisationen, die der Opposition nahe stehen. So sponserte die von Ex-CIA-Chef James Woolsey geführte Organisation „Freedom House" die „Poland-America-Ukraine Cooperation Initiative" (PAUCI), die ihrerseits Mittel an die Juschtschenko nahestehende NGO „International Center for Policy Studies" leitete. Diese wiederum ist eine Gründung des „Open Society Institute" von George Soros. Das „National Endowment for Democracy" lenkte seine umfangreiche finanzielle Unterstützung über das „National Democratic Institute", geführt von der Viktor Juschtschenko besonders fürsorglich begleitenden Ex-Außenministerin Madeleine Albright, in die Ukraine und nutzte dafür auch das „International Republican Institute" der Republikaner. Von USAID kamen Mittel für Juschtschenkos Organisation „Western Ukraine Regional Training Center" und für das „Center for Political and Law Reforms". Offensichtlich hat sich die private US-Beratungsgruppe „Development Associates, Inc." direkt an der Wahlvorbereitung der Opposition beteiligt.

Während der Wahlzeit besuchten prominente Außenpolitiker wie Richard Holbrooke, Henry Kissinger und Madeleine Albright die Ukraine. In den spannungsreichen Tagen vor der Stichwahl beobachtete der einflussreiche Senator Richard Lugar, Vorsitzender des Senatsausschusses für Außenbeziehungen, im Auftrag von Präsident Bush das Geschehen. Er war also gewissermaßen der Counterpart von Dumapräsident Boris Gryslow, der denselben Auftrag für Wladimir Putin ausführte. Als die Wahlfälschungen evident wurden, kamen deutliche Warnungen aus Washington, einschließlich der Drohung, die Unterstützungszahlungen zu unterbrechen. Schon am 15. September 2004 hatte der US-

Abgeordnete Dana Rohrabacher ein Gesetz im Kongress eingebracht, das im Falle von nicht freien, fairen und transparenten Wahlen vorsorglich scharfe Sanktionen (Visaverweigerung, Guthabeneinzug, Kredit- und Investitionsstopp, Beendigung von Unterstützungsprogrammen der internationalen Finanzinstitutionen) verhängte und das wie ein Damoklesschwert bis zur Stichwahlwiederholung am 26. Dezember 2004 über dem ukrainischen Establishment hing.

Die amerikanische Ukrainepolitik braucht kritische Fragen kaum zu fürchten. Es wirkt eher elegant als anstößig, wenn amerikanische Stiftungen Demokratie und Zivilgesellschaft in der Ukraine fördern und dabei mit ihrer Unterstützung der Opposition fast beiläufig zu einem faireren Ausgleich der Kräfte beitragen. Der Kandidat der Macht verfügte über erdrückende Mittel, gespeist aus den „administrativen Ressourcen", aus den Überweisungen der ukrainischen Oligarchen und natürlich auch durch Millionen, die russische Konzerne „ihrem Mann" zur Verfügung stellten (allein bei Gasprom soll sich die Wahlkampfspende im dreistelligen Millionen-Dollar-Bereich bewegt haben). Einmischung steht gegen Einmischung, auch wenn das auf beiden Seiten abgestritten wird. Aber weder die eine noch die andere Einmischung konnte bestimmen, was passiert. Die „Orangene Revolution" wurde weder herbeigesponsert und gekauft, noch hätte sie durch einen rechtzeitigen „Schlag in ihre Fresse" (um es mit Gleb Pawlowskij zu formulieren) gestoppt werden können. Die Botschaft dieses Bürgeraufstandes lautete ja gerade: Wir lassen uns nicht mehr manipulieren, weder von unseren eigenen Leuten noch von anderen! Wir haben es satt, von anderen auf dem Schachbrett der Weltpolitik als Figuren hin- und hergezogen zu werden! Wir beanspruchen, über uns selbst zu bestimmen.

Es gibt schon Anzeichen dafür, dass der Wunsch nach Westintegration in einer Ukraine mit Präsident Juschtschenko lauter wird und eindeutiger als während der schaukeligen „Mehr-Vektoren-Politik“ von Leonid Kutschma. Aber eine solche politische Richtungsentscheidung wäre keine Dankesabstattung an amerikanische Sponsoren und schon gar nicht die Erfüllung von Brzezinskis Wunsch, den Staat Putins ein für allemal an der Wiedererrichtung eines russischen Imperiums zu hindern. Es hieße, den emanzipatorischen Charakter des Kiewer „November-Frühlings“ zu ignorieren, wenn man – egal auf welcher Seite – mit der Instrumentalisierung der Ukraine für Eigeninteressen fortfahren würde.

Neu gefordert: die EU

Die Geschichte des Verhältnisses der Ukraine zur EU ist eine Geschichte der grauen Farben und der Frustrationen. Zwar war man sich schon im Juni 1994 über ein Partnerschafts- und Kooperationsabkommen einig, in Kraft getreten ist es aber erst im März 1998. Als 1999 der Europäische Rat von Helsinki definitiv die Weichen für die Osterweiterung der EU stellte und die Türkei zum ernsthaften Beitrittskandidaten erhob, blieb die erhoffte Einladung an die Ukraine aus. Sie musste sich mit der Anerkennung ihrer „europäischen Aspirationen“ und dem Lob für ihre „pro-europäische Wahl“ begnügen. Als die EU dann im Jahr 2002 ihr Konzept einer Politik der Neuen Nachbarschaft („Wider Europe“) entwickelte, die sich zunächst an zehn Mittelmeer-Anrainerstaaten und die vier östlichen EU-Nachbarn Russland, Ukraine, Weißrussland und Moldova mit einem vertieften Zusammenarbeitsangebot richtete, war jedem klar, dass es sich hier um die eigentliche Alternative für die Beitrittsperspektive handelte. Ohne große Begeisterung wirkte Kiew an der Entwicklung eines „Aktionsplans" für diese Nachbarschaftspolitik mit, über den man sich am 20. September 2004 verständigen konnte, verbarg aber nicht die eigene Enttäuschung über die Ergebnisse.

Viel mehr Schaden als diese Brüsseler Zögerlichkeiten in der konkreten Zusammenarbeit haben aber herablassende Äußerungen führender EU-Sprecher angerichtet. Jeder Ukrainer kennt Romano Prodis Satz: „Mag ja sein, dass sich die Ukrainer als Europäer sehen – aber das tun die Neuseeländer auch." Man kann nachvollziehen, dass die Ukrainer ihre eigenen Anstrengungen seit 1991, auch im Sinne westlicher Interessen, durch solche Äußerungen nicht ausreichend gewürdigt finden. Und es gab erhebliche Anstrengungen: die Aufgabe des taktischen und strategischen Atomwaffenpotentials, die Reduzierung der Streitkräfte von einer Million auf weniger als 350 000 Soldaten, die gute Zusammenarbeit mit der NATO, die aktive Beteiligung an Friedensmissionen in Bosnien-Herzegowina, im Kosovo und in Afghanistan, die Unterstützung der Amerikaner mit der Entsendung von 500 ABC-Spezialkräften nach Kuwait und später von 1650 Soldaten in den Irak.

EU und NATO können natürlich darauf verweisen, dass die Politik von Präsident Kutschma immer zweideutig blieb. Stellte er heute die „europäische Wahl" der Ukraine in den Vordergrund, war es morgen die „strategische Partnerschaft mit Russland". Eine Zeitlang spielte die Ukraine in der GUUAM, einem Zusammenschluss von Georgien, Usbekistan, Ukraine, Aserbaidschan und Moldawien zur Abwehr russischer Hegemonieansprüche, eine führende Rolle. Dann aber machte Kutschma mit, als Putin im Jahr 2003 das Konzept eines „Einheitlichen Wirtschaftsraumes“ (EWR) für Russland, die Ukraine, Belarus und Kasachstan entwickelte. Dieses Konzept enthüllt einen ökonomischen Integrationsplan, der spätestens bei der angepeilten Zollunion mit den ukrainischen Westintegrationswünschen kollidieren müsste. Im April 2004 hat die „Werchowna Rada“ den EWR mit großer Mehrheit ratifiziert. Und schließlich verursachte Präsident Kutschma im Juli 2004 einige Aufregung, als er in einem Erlass Veränderungen der ukrainischen Sicherheitsdoktrin bestätigte, nach denen die Mitgliedschaften in EU und NATO nicht mehr ausdrückliches Ziel der ukrainischen Außenpolitik sein sollten – nur um hinterher durch maßgebliche Politiker das Festhalten an dem europäischen Integrationsziel betonen zu lassen.

Diese Schaukelpolitik, die natürlich auch die genannten objektiven Probleme der ukrainischen Zwischensituation spiegelt, hat die EU während der 17-tägigen Staatskrise in Kiew von einem aktiven Engagement nicht abgehalten. Dreimal eilten die europäischen Emissäre unter Leitung von EU-Chefdiplomat Javier Solana in Begleitung der polnischen und litauischen Staatspräsidenten Kwasniewski und Adamkus in die ukrainische Hauptstadt, um am „Runden Tisch“ mit der Kiewer Staatsführung, teilweise auch mit den beiden Kontrahenten Janukowytsch und Juschtschenko, und im Beisein des OSZE-Vertreters Jan Kubis und des Putin-Entsandten Boris Gryslow eine Lösung zu finden. Ein interessantes Bild: die Ukraine in einem zukunftsentscheidenden Moment mit den Vertretern all der Länder am Verhandlungstisch, die in den vergangenen Jahrhunderten ihre Geschichte maßgeblich mitbestimmt haben. Und mit den beiden Präsidenten aus Warschau und Vilnius als Vermittler profitierte die EU unerwartet früh von der erst am

1. Mai 2004 vollzogenen Aufnahme von Polen und Litauen in die Gemeinschaft bei der Lösung einer äußerst delikaten Aufgabe.

Während der ukrainischen Staatskrise hat auch der deutsche Bundeskanzler Gerhard Schröder sein besonderes Vertrauensverhältnis zu Präsident Putin zu zwei erfolgreichen Vermittlungsversuchen genutzt. Drei Tage nach der Stichwahl führte er mit dem Kremlchef am 24. November ein erstes Telefongespräch und erreichte, dass der russische Präsident einer Konfliktlösung in Kiew „im Rahmen der Gesetze“ und durch gerichtliche Überprüfung zustimmte. Einen Tag später untersagte das Oberste Gericht der Ukraine die Proklamation von Janukowytsch als Wahlsieger und begann mit der Prüfung der Fälschungsvorwürfe. Am 30. November telefoniert Schröder erneut mit Putin und erhält von diesem die Zusage, dass im Falle einer Wiederholung der Stichwahl, sofern sie auf der Basis der ukrainischen Verfassung stattfindet und den politischen Willen des ukrainischen Volkes widerspiegelt, das Ergebnis „strikt zu respektieren“ sei. Später wird sich der russische Präsident, der die Wahlwiederholung nicht wollte und sie bis zum letzten Moment zu verhindern suchte, an diese Zusage halten.

Die EU-Mission in Kiew und die vielfältigen Bemühungen der europäischen Politik haben ohne Zweifel einen sehr wichtigen Beitrag zur Lösung der Staatskrise geleistet. Daneben haben die 17 Tage der „Orangenen Revolution“ auch etwas Bewegung in das Verhältnis Westen – Ukraine gebracht. Am 9. Dezember 2004 freut sich in Brüssel NATO-Generalsekretär de Hoop Scheffer darüber, dass der NATO-Russland-Rat gemeinsam mit Moskau eine Erklärung veröffentlichen kann, in der faire und freie Wahlen als Ausdruck des Willens des ukrainischen Volkes angemahnt werden und zugleich Unterstützung versprochen wird für die Unabhängigkeit, die Souveränität und die territoriale Integrität der Ukraine und für die Demokratie im Lande.

Am selben Tag kündigt die EU einen neuen „Aktionsplan“ für die Ukraine und sechs weitere Partnerländer der Europäischen Nachbarschaftspolitik an. Die Chancen wachsen, dass die EU demnächst den Marktwirtschaftsstatus der Ukraine anerkennt, was den Weg für die angestrebte Mitgliedschaft in der WTO (Welthandelsorganisation) bis Ende 2005 ebnen würde. Vorerst bleibt ungewiss, ob die EU ein Assoziierungsabkommen mit Kiew, das dort seit Jahren auf der Wunschliste steht, weiter auf die lange Bank schieben wird. Das Klima hat sich verändert, auch wenn vorschnelle, von der Tagesaktualität geprägte Vorschläge, der Ukraine doch bald eine konkrete EU-Beitrittsperspektive zu gewähren, vorerst keine Erfolgsaussichten haben.

Botschaft für die anderen

Am zweiten Weihnachtsfeiertag 2004 beendete der Sieg von Viktor Juschtschenko in der wiederholten Stichwahl die zehnjährige Kutschma-Ära. Im Lande selbst wird dieses Ereignis begleitet von zahlreichen, sicher nicht leicht erfüllbaren Erwartungen an einen politischen und gesellschaftlichen Neuanfang, aber auch verbunden mit Verlustängsten in Sachen gewohnter Privilegien, Subventionen und Einflussmöglichkeiten. Der Neuanfang wird sich, inmitten eines geplünderten Landes und in Erwartung erheblicher Widerstände, auf eine dauerhafte Aufbruchstimmung von ebenso engagierten wie realistischen Bürgerinnen und Bürgern stützen müssen. An demselben 26. Dezember schockte die säkulare Erdbeben- und Flutwellenkatastrophe in der Großregion um den Indischen Ozean die Weltöffentlichkeit. Die Aufgabe, gemeinsam den betroffenen Menschen und Ländern zu helfen, beansprucht mit Recht absolute Priorität und drängt automatisch andere politische Herausforderungen für einige Zeit in den Hintergrund. Trotzdem bleibt sichtbar, dass die Veränderungen in der Ukraine am Ende des Jahres 2004 in verschiedene Richtungen ausstrahlen werden. Bereits während der dramatischen 17 Tage war die Aufmerksamkeit von Regierungen und Parteien in den GUS-Staaten sehr hoch. Aus der Russischen Föderation, aber auch aus mehreren Staaten auf dem Gebiet der ehemaligen Sowjetunion verfolgten oppositionelle Gruppierungen über das Internet das Geschehen in der Ukraine sehr aufmerksam oder nahmen direkt Kontakt auf. Ein Orientierungszeichen wurde gesetzt – für die einen als eines der Hoffnung, für andere als Alarmsignal.

Für die zufällig am selben Tag stattfindenden Parlamentswahlen in Usbekistan kam dieses Signal zu spät: Dort siegte die erst mit Hilfe von Staatspräsident Karimov ein Jahr zuvor gegründete „Liberal-Demokratische Partei" vor den Postkommunisten: Die wichtigsten Oppositionsparteien waren nicht zugelassen worden, und der kaum wahrnehmbare Wahlkampf fand ohne politische Alternativen statt. Deshalb erfuhr er von den OSZE-Beobachtern eine sehr kritische Bewertung. Aber die Diskussion um die Übertragbarkeit der „Orangenen Revolution" hat begonnen. Auf die Frage, ob sie auch nach Russland kommen könnte, antwortete der Moskauer Politologe und Ukrainespezialist Sergej Markow, er würde es für einen politischen Fehler halten, diese Möglichkeit kategorisch auszuschließen. Und in Moldawien sei sie schon zu 80 Prozent, in Kirgistan zu 40 Prozent und in Kasachstan zu 30 Prozent gediehen (Iswestija-

Interview, 12. Januar 2005). Tatsächlich stehen dort und anderswo im GUS-Raum dieselben Nachfolge-Probleme wie bei Leonid Kutschma an. Viele Blicke werden sich künftig auf Kiew richten und genau verfolgen, wie es dort weitergeht.

Einem hat die dortige Entwicklung besonders gut gefallen: dem georgischen Präsidenten. Michail Saakaschwili ist in den Entscheidungstagen erneut in die Ukraine gekommen. Er hat sich in den Ovationen für seine auf ukrainisch vorgetragenen Solidaritätsadressen gebadet und verbringt die erste Woche des Jahres gemeinsam mit Viktor Juschtschenko, der nach den aufreibenden Revolutionstagen Erholung braucht, in den westukrainischen Karpaten. Politisch profitiert er von der wieder erwachten Erinnerung an seine „Rosenrevolution" von 2003, und er träumt von einer Schule machenden Freiheitsachse Georgien – Ukraine. Die beiden Präsidenten verständigen sich in der Abgeschiedenheit der Berge auf eine politische Botschaft, die am 5. Januar 2005 unter dem Namen „Karpaten-Deklaration" in dem Örtchen Tysovets nahe bei Lemberg veröffentlicht wird. Selbstbewusst weisen Juschtschenko und Saakaschwili die These von der Außenbestimmung der „Orangenen Revolution" zurück und drehen den Spieß um: „Umgekehrt haben sich die Revolutionen sowohl in der Ukraine wie in Georgien vollzogen entgegen den politischen Technologien und der Einmischung von außen." Der Text endet mit einem gemeinsamen Bekenntnis, das bei vielen Adressaten als flammender Appell ankommen wird. Da heißt es: „Wir sind überzeugt, dass die ukrainische und die georgische Revolution eine neue Welle der Befreiung Europas darstellen, die zum endgültigen Sieg der Freiheit und der Demokratie auf dem europäischen Kontinent führen wird." Genau dies meinte der georgische Präsident wohl, als er am Silvestertag 2004 auf dem Majdan behauptete, auf diesem Platz würden Entscheidungen über die Zukunft Europas getroffen.

Auf dem harten Boden der Tatsachen in Kiew musste sich Viktor Juschtschenko aber noch einige Zeit gedulden, bis es zum tatsächlichen Regierungswechsel kam. Erst am 10. Januar 2005 verkündete die Zentrale Wahlkommission das offizielle Endergebnis, erst weitere zehn Tage später, in den frühen Morgenstunden des 21. Januar, wies das Oberste Gericht die letzten Einsprüche von Janukowytsch ab, so dass noch in derselben Nacht die Regierungsblätter „Urjadowy Kurjer“ und „Golos Ukrainy“ den Sieg der Bürgerbewegung amtlich machen konnten. Am darauffolgenden Sonntag, dem 23. Januar 2005, reisen prominente Vertreter aus 60 Ländern und internationalen Organisationen zur Amtseinführung Juschtschenkos nach Kiew, darunter der damals noch amtierende US-Außenminister Colin Powell, NATO-Generalsekretär de Hoop Scheffer, Polens Präsident Alexander Kwasniewski und EU-Außenkommissarin Benita Ferrero-Waldner. Vor den Gästen versichert der neue Präsident, der dritte der unabhängigen Ukraine: „Unser Platz ist in der Europäischen Union.“ Vor dem Menschenmeer auf dem Majdan baut Juschtschenko verbale Brücken über die Gräben der letzten Monate. „Mein Sieg ist ein Sieg für alle Ukrainer“, hallt es über den Platz, und Juschtschenko fügt die Zusage an, sich für den Erhalt der Kohlenbergwerke im Donbass einzusetzen.

Schon einen Tag später erfüllt Juschtschenko sein Versprechen, als Erstes nach Moskau zu fahren. Es wird ein hastiger, nur 160 Minuten dauernder Besuch bei Wladimir Putin, der am 20. Januar geschäftsmäßig gratuliert hatte („Nehmen Sie meine Glückwünsche und die besten Wünsche im Zusammenhang mit Ihrer Wahl zum Präsidenten an") und jetzt von seinem Gast erfährt, „dass Russland der ewige strategische Partner der Ukraine ist“, für den er „tiefen Respekt“ empfinde. Vor den Journalisten nennt der russische Präsident die Begegnung „offen und positiv“. Die Nachricht, dass Juschtschenko wenige Stunden zuvor die Nominierung von Julia Timoschenko zur Ministerpräsidentin bekannt gegeben hat, möchte er nicht kommentieren.

Kutschmas Nachfolger reist sofort weiter: Am nächsten Tag nach Straßburg, wo er vor der Parlamentarischen Versammlung des Europarats eine EU-Strategie fordert, die der Ukraine eine Möglichkeit zur Mitgliedschaft eröffnet: „Die Zukunft Europas ist ohne die Ukraine nicht denkbar.“ Anschließend nach Polen, wo er an der Auschwitz-Gedenkfeier teilnimmt (da Juschtschenkos Vater Häftling in Auschwitz war, besucht sein Sohn diesen Ort alljährlich), mit Abstechern nach Krakau und Warschau. Dann hindert ihn starker Schneefall an der Weiterreise nach Brüssel, wo sich der Hohe Repräsentant der EU Javier Solana schon mit einem 10-Punkte-Plan für eine vertiefte Zusammenarbeit mit der Ukraine auf seinen Gast vorbereitet hatte, der dann schon am 31. Januar 2005 von den EU-Außenministern akzeptiert wird und damit der Ukraine einen Sonderstatus im Kreise der „Neuen Nachbarn“ verleiht. Dafür wartet am Ende dieser ersten hektischen Dienstwoche das „World Economic Forum“ in Davos auf den frisch gekürten Präsidenten aus Kiew.

Russland – Polen – EU, viele Adressen für eine Woche, viele Gesprächspartner und Reden für sechs Tage. Viele Formeln und Begriffe, die wie Pflöcke eingerammt werden. Sie wollen einen neuen Weg für die Ukraine abstecken. Sie wirken hastig gesetzt, weil sie die Gunst der Stunde nutzen sollen. Dem Präsidenten des ewigen strategischen Partners Russland bleiben nicht viele Möglichkeiten. Nüchtern und pragmatisch wird er versuchen, die russischen Interessen unter den veränderten Bedingungen zu wahren. Der „Fall Ukraine" – so hat es jedenfalls die russische Öffentlichkeit aufgenommen – brachte für Wladimir Putin einen Rückschlag auf dem Feld, auf dem er sich seit dem Jahr 2001 am erfolgreichsten bewegt hat: in der Außenpolitik. Das wird auch in Moskau zu Neuorientierungen zwingen und Einfluss nehmen auf das russische Selbstgefühl wie auf die russische Wahrnehmung des eigenen Platzes in der Welt.

Russland kommt – Plädoyer für eine konstruktiv-kritische Partnerschaft

Drei dramatische, exemplarische und zeitlich parallel laufende politische Prozesse – die Tragödie von Beslan und ihre Folgen, der Fall Chodorkowskij mit der Zerschlagung des Jukos-Konzerns und die nicht aufhaltbare „Orangene Revolution" in der Ukraine – haben die russische Führung zwischen September und Dezember 2004 unter einen enormen Druck gesetzt. Einzelne Herausforderungen dieser Dimension hatte der russische Präsident auch früher schon zu bestehen – etwa die Havarie des russischen Atom-U-Boots „Kursk" im August 2000 in der Barentssee oder die blutige Geiselnahme im Moskauer Musiktheater an der Dubrowka am 23. Oktober 2002. Diese beiden Krisen führten aber weder zu signifikanten Konsequenzen in der russischen Politik noch zu einer Veränderung der internationalen Wahrnehmung Russlands.

Russland im Gegenwind

Schaut man aus dem Jahr 2005 auf den Verlauf und die Folgen dieser „Drei Fälle" von 2004 zurück, dann ergibt sich eine neue Sichtweise. Eine vorläufige, auf Wertung verzichtende Bilanzierung wird folgende, auch für die künftige russische Politik wichtige Punkte festhalten:

- Die Woche des Terrors mit dem blutigen Höhepunkt in Beslan beweist die fortbestehende Fähigkeit tschetschenisch geführter Terrorgruppen, auch außerhalb Tschetscheniens in ganz Russland Anschläge durchzuführen.

- Die „Tschetschenisierungsstrategie" Wladimir Putins erleidet einen schweren Rückschlag. Die Gefahr einer regionalen Ausweitung des Konflikts auf die gesamte Nordkaukasus-Region verlangt neue Antworten.
- Das Desaster bei der Beendigung des Beslaner Geiseldramas am 3. September 2004 weckt ernsthafte Zweifel an den Fähigkeiten der föderalen und regionalen Sicherheitsdienste. In Moskau übernimmt niemand die politische Verantwortung für das Vorgehen in Beslan. Die Aufklärung der einzelnen Abläufe wird in die Hände einer Untersuchungskommission von Duma und Föderationsrat gelegt.
- Präsident Putin nutzt Beslan als Anlass und zur beschleunigten Durchführung tiefgreifender Veränderungen im politischen System Russlands. Innerhalb weniger Wochen werden Gesetze gültig, die an die Stelle der Gouverneurswahlen das Ernennungsrecht des Präsidenten setzen und die Hürden für die Neubildung politischer Parteien erheblich anheben.
- Die Idee zur Bildung einer „Gesellschaftlichen Kammer" mit Beratungs- und Kontrollrechten für die Zivilgesellschaft kommt im Kontrast dazu über einen ersten Gesetzentwurf zunächst nicht hinaus.
- Eine „Föderale Kommission für den Nordkaukasus" unter Putins Vertrautem Dmitrij Kosak soll Antworten auf die drohende Regionalisierung des Tschetschenienkonflikts finden. In den ersten Monaten seiner Arbeit muss Kosak mehrfach politische „Feuerwehreinsätze" bei brisanten örtlichen Konflikten durchführen.
- Am 16. Juni 2004 beginnt in Moskau unter großer internationaler Anteilnahme der Prozess gegen den seit dem 25. Oktober 2003 inhaftierten Oligarchen Michail Cho-

dorkowskij. Am 25. Januar 2005 wird der Europarat eine äußerst kritische Resolution und Empfehlung zu dem Fall Jukos/Chodorkowskij beschließen.

- Die russischen Finanzbehörden erhöhen die Steuernachforderungen an Jukos zwischen April und November 2004 von 3,5 auf 18,7 Milliarden Dollar. Alle Angebote des Konzerns und seiner Anteilseigner zu einem Ausgleich der Steuerforderungen auf einem Weg, der Jukos erhält, stoßen auf Ablehnung.
- Ab August 2004 wird deutlich, dass mit Juganskneftegas das Kernstück der Jukos-Produktion (60 Prozent der Ölförderung) zwangsversteigert werden soll. Auf der Basis einer Fusion des Gasgiganten Gasprom und des staatlichen Ölkonzerns Rosneft soll durch den Zukauf von Juganskneftegas ein marktbeherrschender, vertikal integrierter und staatlich kontrollierter Super-Energiekonzern entstehen.
- Am 19. Dezember 2004 ersteigert die gänzlich unbekannte „Baikalfinansgrup" für einen deutlich unter dem Schätzwert liegenden Preis Juganskneftegas, wird aber zwei Tage später zu 100 Prozent von Rosneft aufgekauft. Die Jukos-Zerschlagung ist damit in Verbindung mit einer Wiederverstaatlichung eines erheblichen Sektors der russischen Ölproduktion vollzogen.
- Am 21. November 2004 finden in der Ukraine die Stichwahlen um die Präsidentschaft zwischen Viktor Juschtschenko und Viktor Janukowytsch statt. Es gibt Berichte über massive Wahlfälschungen zugunsten des vom Kreml unterstützten Bewerbers Janukowytsch, der bei den Auszählungen vorne liegt. In Kiew und zahlreichen anderen Regionen beginnen die 17 Tage dauernden Proteste der „Orangenen Revolution". Präsident Putin

gratuliert trotzdem mehrfach dem „Wahlsieger“ Janukowytsch.

- Am 3. Dezember 2004 ordnet das Oberste Gericht der Ukraine eine Wiederholung der Stichwahl für den 26. Dezember an. Nach intensiver EU-Vermittlung einigen sich Regierung und Opposition am 8. Dezember 2004 auf eine „Paketlösung“, die den Weg für die wiederholte Stichwahl freimacht.
- Am 26. Dezember 2004 geht Viktor Juschtschenko aus der wiederholten Stichwahl als Sieger hervor, muss aber mit seiner Amtseinführung bis zum 23. Januar 2005 warten. Einen Tag später nominiert Juschtschenko seine wichtigste Mitstreiterin Julia Timoschenko als künftige Ministerpräsidentin und reist nach Moskau zu einer ersten kurzen Begegnung mit Wladimir Putin, der ihm am 20. Januar 2005 zu seinem Wahlsieg gratuliert hatte.

Außerhalb Russlands addieren sich die kritischen Reaktionen gegenüber dem Verhalten Moskaus an den verschiedenen Ereignisfronten zu einem steifen politischen Gegenwind. International wird er spürbar bei dem EU-Russland-Gipfel am 25. November 2004 in Den Haag, der vor allem wegen der Fernwirkung der Ukraine-Spannungen auf der Stelle tritt wie kein einziger zuvor, und erneut auf dem OSZE-Gipfel in Sofia am 6. und 7. Dezember, den die Teilnehmer ebenfalls mit Enttäuschung verlassen. Erst nach der Beilegung der Staatskrise in Kiew am 8. Dezember tritt eine Entspannung ein. In Den Haag und Sofia hagelte es noch Moskauer Vorwürfe, der Westen habe sich in unzulässiger Weise in der Ukraine eingemischt. Sie wurden natürlich von der anderen Seite ebenso deutlich zurückgewiesen. Doch bei dem Außenministertreffen des NATO-Russland-Rats am 9. Dezember 2004 in Brüssel gelingt es dann sogar, ein paar gemeinsame Sätze über die Unterstützung für die Unabhängigkeit und Souveränität, für die territoriale Integrität und die Demokratie in der Ukraine aufzuschreiben. Der zuvorkommende Auftritt des russischen Außenministers Sergej Lawrow in Brüssel macht jedem deutlich, dass Russland um Schadensbegrenzung bemüht ist. Seine anwesenden westlichen Kollegen nehmen das mit sichtlicher Erleichterung auf.

Auf einem anderen Feld wird es dagegen viel schwieriger, den Gegenwind abzuleiten. In der öffentlichen Meinung der westlichen Staaten vollzieht sich seit längerem – und in verstärkter Weise seit Herbst 2004 – ein Stimmungsumschwung. Besonders durch Beslan, den Fall Chodorkowskij und die ukrainische Staatskrise hat die Aufmerksamkeit für die russische Politik zugenommen. In der Berichterstattung setzen sich dabei kritische Akzente immer stärker durch. Kritische Fragen richten sich in diesem Zusammenhang auch an die westlichen Regierungen, die durchweg an der Fortsetzung der guten Zusammenarbeit mit der Staatsführung in Moskau interessiert sind. Sie verbinden sich mit Forderungen, gegenüber Moskau härtere Tone anzuschlagen. Nicht zufällig wandte sich der schon zitierte „Offene Brief" von 115 westlichen Politikern und Intellektuellen vom 28. September 2004 nicht etwa an den Kreml, sondern „An die Staats- und Regierungschefs der Europäischen Union und der Nato", um sie von ihrer angeblichen Umarmungspolitik gegenüber Präsident Putin abzubringen.

Wofür sollen sich die westlichen Partner Russlands nach Meinung der Kritiker einsetzen? Der Katalog ist lang, aber einige der Forderungen tauchen immer wieder auf. Sie umkreisen die Stichworte Tschetschenien, Umgang mit den Nachbarn, Bruch mit der Vergangenheit sowie Freiheit und Demokratie.

Tschetschenien: Moskau soll seine gescheiterte Tschetschenienpolitik ändern. Erwartet wird ein ernsthafter Versuch, zu einer Verhandlungslösung zu kommen. Statt das gesamte tschetschenische Führungspersonal in die Terror-Ecke zu stellen, ginge es darum, mit gemäßigten Vertretern über eine Teilautonomie-Lösung zu reden, wie sie bei einigen Mitgliedern der Föderation schon besteht. Voraussetzung dafür ist, dass vor Ort das „Klima der Straflosigkeit" von einer energischen Verfolgung und Bestrafung aller kriminellen Akte und Gewaltverbrechen abgelöst wird – auch gegenüber den russischen Sicherheitskräften und ihren Kombattanten auf tschetschenischer Seite. Bei den Moskauer Transferleistungen zum Wiederaufbau des völlig zerstörten Landes müsste eine entschlossene Kontrolle und Korruptionsbekämpfung dafür sorgen, dass die Investitionen tatsächlich ankommen und der tschetschenischen Bevölkerung eine Zukunftsperspektive eröffnen.

Umgang mit den Nachbarn: Russland soll sich auf die Transformation und Modernisierung der eigenen Wirtschaft und Gesellschaft konzentrieren und den Anspruch aufgeben, eigene Interessen im „nahen Ausland" notfalls mit Hilfe von Droh- und Druckkulissen durchzusetzen. Die „Gemeinschaft

Unabhängiger Staaten" (GUS) darf nicht als Instrument für die Wiederherstellung einer imperialen Struktur im Sinne der früheren Sowjetunion genutzt werden. Moskau sollte jedem Nachbarn und jedem GUS-Mitglied das Recht einräumen, über die eigene Zukunft frei zu entscheiden, einschließlich der Integration in westliche Organisationen und Bündnisse wie EU und NATO. Kritisiert werden Versuche, über die wirtschaftliche Anbindung von GUS-Partnern Einfluss zu gewinnen und Abhängigkeiten zu schaffen, so etwa beim „Einheitlichen Wirtschaftsraum" mit der Ukraine, Belarus und Kasachstan – besonders dann, wenn dies mit anderen Optionen der beteiligten Länder kollidiert, wie zum Beispiel mit den möglichen EU-Perspektiven der Ukraine. Seine dominante Stellung als Energieproduzent sowie als Lieferant und als Durchleiter von Energieträgern sollte Russland nicht einseitig im Eigeninteresse nutzen, sondern im Sinne der Regeln der „Europäischen Energie-Charta" zum Aufbau fairer und wechselseitig vorteilhafter Handels- und Lieferbeziehungen.

Bruch mit der Vergangenheit: Von Moskau wird eine kritische Aufarbeitung der 74 Jahre währenden Sowjetperiode erwartet, mit einer Anerkennung der geschehenen Verbrechen und einer Wiedergutmachung für die Opfer, sofern dies möglich ist. Allen ideologischen oder sowjetnostalgischen Restaurationsversuchen sollte das moderne Russland widerstehen und ihnen energisch entgegentreten.

Freiheit und Demokratie: Das westliche Muster der offenen und demokratischen Gesellschaft sollte Richtschnur für die politische und gesellschaftliche Entwicklung Russlands sein. Das bedeutet im Einzelnen: Freie und faire Wahlen, ohne

Nutzung der „administrativen Ressourcen"; eine pluralistische und nicht vermachtete Medienlandschaft mit dem Recht auf freie, auch kritische Meinungsäußerung; ein stabiles Mehrparteisystem; eine strikte Gewaltenteilung mit ausgeprägten Rechten für das Parlament und die Regionen, auch als Gegengewicht zur Macht des Präsidenten; schließlich eine reife und handlungsfähige Zivilgesellschaft, ohne die das für eine moderne Gesellschaft unverzichtbare System der „checks und balances" nicht funktionieren kann.

Hinter jeder dieser einzelnen Wünsche, Erwartungen oder Forderungen steht eine gesellschaftliche Erfahrung, die sie legitimiert, stehen Wertvorstellungen einer westlichen politischen Kultur, die ihre Plausibilität schon aus dem nachweisbaren Erfolg bei ihrer Beachtung beziehen. Die Botschaft als ganze trifft in Russland aber überwiegend auf einen skeptischen, ja störrischen Adressaten. Man muss es nicht akzeptieren, aber sollte zu verstehen versuchen, warum dieser westliche Wunschkatalog regelmäßig auf den Klippen aufläuft, die bis heute aus der Tiefe der Vergangenheit bis an die Oberfläche der russischen Gegenwart ragen und für Unsicherheit sorgen.

Die Sehnsucht nach dem alten Imperium

Die Trauer um den Verlust der Weltmachtrolle und über die Auflösung der Sowjetunion im Jahr 1991 begleitet die Mehrheit der Vertreter der politischen Klasse Russlands konstant bis in die Gegenwart. Immer wieder findet man dafür geradezu verbissen formulierte Belege. Eine eher lockere Variante bot zum Beispiel der Kommentar von einem Anton Orech in der Sendung „Echo Moskwy" vom 30. September

2004, als direkte Antwort auf den „Offenen Brief" formuliert: „Nun, es ist recht einfach, uns damit abzufinden, dass wir unser Recht, die Chefs unserer eigenen Regionen und Republiken zu wählen, verlieren, dass uns von Gott weiß woher irgendein Typ geschickt wird. Wir sind bereit, uns damit abzufinden, dass wir keinen bestimmten Abgeordneten werden wählen können, sondern für abstrakte Parteilisten stimmen werden. Ich glaube, wir würden gern auf alle Wahlen verzichten und stattdessen einen oder zwei Tage damit verbringen, uns zu betrinken oder zu Hause herumzufaulenzen. Wenn der Präsident Zeit seines Lebens im Kreml bleiben will, dann soll er es tun. Denn in der längsten Zeit seiner Geschichte ist unser Land erst von Zaren auf Lebenszeit regiert worden und dann von Generalsekretären, die sich von Zaren nicht unterschieden. Und das Leben war gut. Die ganze Welt fürchtete uns. Die Wurst war billig und sie schmeckte. Wir schickten Leute in den Weltraum und gewannen Eishockey-Spiele. Was für andere demokratische Werte brauchen wir? Wozu braucht ein Fisch ein Fahrrad? Zum Teufel mit ihnen und ihren Briefen!"

Die ganze Welt fürchtete uns, die Wurst war billig, und wir waren wer! Auch Wladimir Putin, an dessen Überzeugung, dass Russlands Modernisierung nur in enger Zusammenarbeit mit dem Westen Erfolg haben kann, niemand zweifeln sollte, teilt über weite Strecken diese rückwärtsgewandte Melancholie. In einem Augenblick größter Bedrängnis, bei seiner Fernsehansprache am Tag nach der blutigen Beendigung der Beslaner Geiselnahme, erinnert er an diesen Verlust und sagt: „In der russischen Geschichte gab es mehrere tragische Seiten und schwere Schicksalsschläge. Heute leben wir unter den Umständen, die nach dem Zerfall eines riesigen, großen Staates zustande gekommen sind. Des

Staates, der sich leider nicht als lebensfähig unter den Bedingungen einer sich schnell verändernden Welt erwiesen hat." Die Selbstkritik beschränkt sich auf das eingestandene Versäumnis, die alte Stärke wiederzugewinnen. „Insgesamt muss man gestehen, dass wir versäumt haben, die Kompliziität und Gefährlichkeit der Prozesse im eigenen Land und in der ganzen Welt zu erkennen. Jedenfalls sind wir nicht imstande gewesen, auf diese adäquat zu reagieren. Wir haben Schwäche gezeigt. Und die Schwachen werden geschlagen."

Weil die alte Stärke, die mit der Auflösung der Sowjetunion verloren gegangen war, noch nicht wiederhergestellt ist, konnte Beslan passieren. Wir erinnern uns an die zitierte Reaktion des Kreml-Beraters Pawlowskij nach dem Ukraine-Desaster: Eine „echte Einmischung" hätte die Niederlage verhindert, die nur gekommen sei, weil man der „Orangenen Revolution" „nicht rechtzeitig eines in die Fresse gegeben" habe.

Wladimir Putins Sehnsucht richtet sich auf die Macht und den Einfluss der Sowjetunion im nationalen Sinne. Gegen den Charme des Kommunismus als ihrer ideologischen Grundlage ist der Kreml-Chef immun. Aber diese aus Sowjetnostalgie gespeiste Nationalideologie der raumgreifenden Stärke Russlands behindert tatsächlich eine Abgrenzung des Gestern vom Heute und legt der Modernisierung des Landes Steine in den Weg. Es war Putin selber, der schon im Dezember 2000 die Wiedereinführung der sowjetischen Hymne anordnete. Den Auftrag für eine Neufassung des Textes erhielt derselbe Schriftsteller Sergej Michalkow, der auch die Stalin huldigenden Verse der Version von 1943 zu verantworten hatte. Im Refrain der runderneuerten Hymne heißt es heute: „Sei gerühmt, freies Vaterland, / ewige Union der Brudervölker, / von den Ahnen übermittelte

Weisheit des Volkes. / Sei gerühmt, Heimat. Wir sind stolz auf dich."

Da wundert es nicht, wenn andere den vom Präsidenten gespielten Ball aufnehmen und weitergeben. Gegen Ende des Jahres 2004 kam ein Pop-Hit von Oleg Gasmanow in den russischen Charts ganz nach oben, der den Titel „Gemacht in der UdSSR!" trägt. Ein Stakkato-Refrain, der den Text nach fast jeder Strophe unterbricht, enthält das folgende trotzige Bekenntnis:

„Ich bin geboren in der Sowjetunion,
in der UdSSR bin ich gemacht!
Ich bin geboren in der Sowjetunion,
in der UdSSR bin ich gemacht!"

Der Haupttext spiegelt das Ergebnis gegenwärtiger Identitätssuche besser wieder als jeder wissenschaftliche Aufsatz:

„Ukraine und Krim, Weißrussland und Moldawien –
Das ist mein Land!
Sachalin und Kamtschatka, die Berge des Ural –
Das ist mein Land!
Die Gegend von Krasnodar, Sibirien, das Wolgaland,
Kasachstan, der Kaukasus und auch das Baltikum.
Rjurik, die Romanows, Lenin und Stalin –
Das ist mein Land!
Puschkin, Jesenin, Wysozkij, Gagarin –
Das ist mein Land!
Verfallene Kirchen und neue Dome,
Der Rote Platz wie der Bau der BAM!
Olympisches Gold, Wettkämpfe, Siege –
Das ist mein Land!
Schukow, Suworow, Mähdrescher, Torpedos –

Das ist mein Land!
Oligarchen und Arme, Macht und Zerrüttung,
KGB, MWD und große Wissenschaft!
Glinka, Tolstoj, Dostojewskij, Tschajkowskij,
Wrubel, Schaljapin, Chagall, Ajwasowskij,
Öl, Diamanten, Gold und Gas,
Die Flotte, WDW, WWS und Speznas.
Wodka, Kaviar, die Eremitage und Raketen,
Die schönsten Frauen dieses Planeten,
Schach, Oper, das beste Ballett,
Sagt, Leute, was gäbe es nicht bei uns?!
Auch Europa hat sich zur Union vereint,
Gemeinsam haben sich unsere Vorfahren in die Schlacht gestürzt,
Gemeinsam wurde der Zweite Weltkrieg gewonnen,
Gemeinsam sind wir das größte Land!
Es drücken die Grenzen, nichts geht ohne Visum …
Wie kommt ihr ohne uns klar? Sagt was dazu, Leute!

(Erläuterungen: BAM = Bajkal-Amur-Magistrale, nördliche Parallelstrecke zur Transsibirischen Eisenbahn; MWD = Außenministerium; WDW = Luftlandetruppen; WWS = Luftwaffe; Speznas = Spezialeinheiten)

Reiches Land und arme Bürger

In einem Land, in dem solche Lieder Erfolg haben, muss es als mutig gelten, was Putin tat: Er machte nämlich der Duma den Vorschlag, den 7. November als Feiertag abzuschaffen, an dem bisher alljährlich der Jahrestag der Oktoberrevolution von 1917 gefeiert wird. Aktuell müssen Präsident und Regierung aber an einer anderen Front kämpfen, wo es ebenfalls um das Erbe der Sowjetzeiten geht. Bisher galt in Russland ein ausuferndes und kompliziertes System von Sachleistungen und Privilegien für verdiente und bedürftige Bürger („Lgoty"), von dem mehr als die Hälfte der russischen Bevölkerung in irgendeiner Form profitierte. Alle Rentner (40 Millionen), die „Veteranen der Arbeit", Invaliden verschiedener Kategorien, die Überlebenden der Blockade von Leningrad bis zu den „Helden der Arbeit" und „Helden der Sowjetunion" – insgesamt an die 200 verschiedene Personengruppen durften sich an etwa 150 unterschiedlichen Sachleistungen und Sozialvergünstigungen freuen. Die verbreitetsten Privilegien, etwa der Rentner, bezogen sich auf kostenlose Nutzung der Verkehrsmittel, Gratisbezug von Medikamenten, das Recht auf verbilligte Sanatoriumsaufenthalte (wenn dort ein Platz frei war) und gebührenfreies Telefonieren. Zusätzlich erhalten allein 18 Millionen Russen erhebliche Nachlässe bei ihren Mietnebenkosten durch Subventionierung ihrer Heizungs-, Strom- und Gasrechnungen.

Im Sommer 2004 akzeptierte die Duma ohne lange Beratungen einen Vorschlag der Regierung, alle diese Sachleistungsansprüche durch Rubelzahlungen abzulösen. Schon damals stellten Fachleute fest, dass die vorgesehenen Geldzahlungen bei weitem hinter dem Wert der bisherigen Sachvergünstigungen zurückbleiben. Es gab einige Proteste und kleinere Demonstrationen. Ein richtiger Proteststurm setzte erst im Januar 2005 ein, als die etwa 70 Millionen Betroffenen mit der Umsetzung der neuen Regelungen zum 1. Januar des Jahres konfrontiert wurden. In Moskau, Sankt Petersburg und zahlreichen anderen Städten gingen vor allem die Rentner auf die Straßen, zum Teil mit roten Fahnen. Zu ernsthaften Zusammenstößen kommt es zunächst nicht, wenn man davon absieht, dass die Polizei an mehreren Orten blockierte Fernstraßen räumen muss, dass sich Rentnergruppen stellenweise ohne Fahrkarten mit ihren Ellenbogen den Zugang zur Metro verschaffen und einige Schaffner verprügeln und dass in der Heimatstadt Putins mitten auf den Straßenbahnschienen Zelte errichtet werden – in der orangenen Farbe der ukrainischen Protestbewegung.

Die Demonstranten verweisen auf die viel zu niedrigen Ausgleichszahlungen und wollen am liebsten das alte, seit Sowjetzeiten vertraute Vergünstigungssystem behalten. Die Regierung steht den ersten landesweiten Massenprotesten seit den Bergarbeiteraufständen von 1998 gegenüber und sieht sich gezwungen zu reagieren. Einige Regionen haben von sich aus schon beschlossen, aus eigenen Mitteln die Sachleistungen fortzusetzen. Die Putin nahe stehende Petersburger Oberbürgermeisterin Walentina Matwijenko gibt den Protesten nach und senkt den Preis des Monatstickets von 600 Rubel für die Rentner auf ein Drittel. In Moskau erlässt der populistische Oberbürgermeister Jurij Luschkow ein Dekret, das allen Rentnern wie bisher die kostenlose Nutzung des öffentlichen Personenverkehrs gestattet. In anderen Regionen reichen die Budgets aber nicht einmal, um die vorgesehen Ausgleichszahlungen tatsächlich vorzunehmen. Am 17. Januar 2005 kündigt Präsident Putin die Erhöhung der Grundrenten von 600 auf 800 Rubel (21 Euro) für den 1. März des Jahres an. Moskau werde außerdem alle 89 Förderationssubjekte so ausstatten, dass die eine 30-Prozent-Ermäßigung für die ÖPNV-Benutzung der Rentner finanzieren und natürlich aus eigenen Mitteln die Monatskarten noch weiter subventionieren können.

In diesem Konflikt steckt Sprengstoff. Selbst die Durchschnittsrente von 2100 Rubel (55 Euro) reicht heute in vielen Regionen nicht mehr für den Lebensunterhalt aus, und die Anpassung der Altersbezüge hinkt regelmäßig den Inflationsraten hinterher. Deshalb sind viele Arbeitsveteranen und Rentner auf einen Zuverdienst angewiesen. Das schaffen sie vor allem durch den Verkauf von Obst und Gemüse, das sie auf ihren kleinen Gartengrundstücken auf dem Lande ziehen und auf den nächstgelegenen Märkten in den Städten anbieten. Und dafür brauchen sie die Freifahrtberechtigung, weil sonst der kleine Verdienst schon durch die Fahrtkosten aufgezehrt wird.

Natürlich wissen die Rentner auch über die Privilegien anderer Bescheid, dass z. B. ein Minister in Moskau 3500 Euro im Monat hat, mit kostenloser Wohnung, Datscha, Dienstwagen, einem gesicherten Sanatoriumsplatz und zusätzlich freier Fahrt in den Verkehrsmitteln! Solche krassen sozialen Unterschiede gab es in den verklärten Sowjetzeiten auch, aber damals konnte und durfte darüber nicht geredet werden. Heute lesen die Alten, die immer gearbeitet und alles überstanden haben und nun im Schnitt monatlich 55 Euro bekommen, in der Zeitung, dass Russland inzwischen – natürlich in erster Linie wegen der anhaltend hohen Weltmarktpreise für seine Hauptexportgüter Öl und Gas – einen Schatz von 120 Milliarden Dollar in der Zentralbank hütet. Sie sind darüber informiert, dass der fünfte Haushaltsüberschuss in Folge für das Jahr 2004 bei 18,3 Milliarden Euro liegt und sich in dem Stabilitätsfonds, den Moskau für den Fall niedrigerer Ölpreise vorsichtshalber angelegt hat, schon über 14 Milliarden Euro angesammelt haben. Sie wissen, dass die Regierung jetzt plant, die Auslandsschulden von noch immer 87,2 Milliarden Euro vorzeitig zurückzuzahlen. Wenn dann Finanzminister Kudrin mitteilt, dass die von Putin angekündigte Nachbesserung bei den Sozialleistungen sein Budget um 2,9 Milliarden Euro zusätzlich belasten wird, haben die Betroffenen nicht wirklich Mitleid mit ihm – zumal sie trotz allem noch bei der Abschaffung der

„Lgoty" kräftig zuzahlen werden. Dieser ganze Konflikt hat dem sonst sehr konstanten Rating des Präsidenten erstmals einen ernsthaften Knick verpasst. Das seriöse Lewada-Institut maß im Dezember 2004 bei der Frage, ob man Putin vertraue, nur noch 39 Prozent, während es im Dezember 2003 noch 58 Prozent waren. Auf dieselbe Frage antworten einen Monat später, im Januar 2005, sogar nur noch 32 Prozent der Befragten mit „Ja".

Wenn dieser Konflikt hier so ausführlich dargelegt wird, dann deshalb, weil er eine Antwort gibt auf die westlichen Empfehlungen an die russische Führung, endlich den Bruch mit der kommunistischen Vergangenheit konsequent umzusetzen. Das Problem besteht eben nicht nur darin, dass die politische Klasse – inklusive der Staatspräsident – den Verlust der Weltmachtrolle Russlands noch nicht verschmerzt hat und den Träumen von nationaler und furchtgebietender Größe noch immer nachhängt. Das Brisantere ist, dass die russische Transformation für jeden, der im Kreml sitzt, genügend scharfe Minen bereit hält. Überall in Ost- und Südosteuropa hat es nach dem Systemwechsel eine Verschiebung der Prioritäten von Gleichheit auf Freiheit gegeben. Diese Verschiebung hat zu massiven sozialen Differenzierungen geführt – mit einer Verarmung breiter Bevölkerungsschichten und einer provozierenden Bereicherung von wenigen an der Spitze. Das ist auch in der Russischen Föderation der Fall.

Eigentlich sollte die wirtschaftliche Prosperität des Landes die Probleme abfedern und es ermöglichen, eine kontinuierliche Anhebung des Wohlstands der unteren und mittleren Schichten zu organisieren. Dem steht aber eine höchst unausgeglichene Verteilung des gesellschaftlichen Reichtums entgegen, die ihren Ausgang bei den unkontrollierten Privatisierungsprozessen der 90er Jahre nahm und die bei den bestehenden Machtverhältnissen nur langsam und schrittweise korrigiert werden kann. Putins brutales Vorgehen gegen den Oligarchen Chodorkowskij gewinnt in diesem Zusammenhang, jenseits aller berechtigten rechtsstaatlichen und menschlichen Einwände, eine doppelte Rationalität: Unter dem Beifall des Publikums stellt dieses Vorgehen die schamlose Bereicherung in einem exemplarischen Fall an den Pranger und bestraft sie. Man schafft sich damit Deckung für die unvermeidlichen sozialen Zumutungen, die die Modernisierung der russischen Gesellschaft mit sich bringt. Und es erhöht den Druck auf die Artgenossen Chodorkowskijs, mit Steuervermeidungsstrategien vorsichtiger umzugehen. Es entsteht durch den Einsatz von Repression und Einschüchterung eine Atmosphäre, bei der die Begünstigten der bisherigen Eigentumsverteilung in die Defensive geraten und die Chancen auf eine Korrektur wachsen. Was den konkreten Fall Jukos angeht, kann der „entreicherte" Oligarch Chodorkowskij durchaus mit seiner Klage Recht haben, dass hier lediglich das eine Business (verbunden mit den Bürokraten, die Putin an die Schaltstelle bringen will) das andere Business enteignet, wie er es in seinem zitierten Zeitungsartikel am 28. Dezember 2004 vorgetragen hat – das schließt aber die angesprochenen politischen und strukturellen Wirkungen nicht aus.

Die „Russische Idee"

Eine umstandslose Berücksichtigung der Wunschliste des Westens stößt in Russland noch auf andere Widerstände. Die Auflösung der Sowjetunion mit ihrem langen Abschied von den Gewissheiten des kommunistischen Weltbildes hinterließ in Russland ein ideologisches Vakuum und eine ungelöste Identitätsfrage. Das Sendungsbewusstsein im „Vaterland aller Werktätigen“, das berufen sei, an der Spitze der sozialistischen Weltkultur die Erfüllung der Geschichte einzuläuten, implodierte zwar bereits in Michail Gorbatschows Perestrojka-Zeiten. Es bewies jedoch als solches Überlebensfähigkeit. Es suchte sich nur einen neuen Anknüpfungspunkt und fand ihn bei den russischen Philosophen und Antimarxisten vom Beginn des 20. Jahrhunderts, die Russlands geschichtliche Mission in der Propagierung der „Russischen Idee“ entdeckten. Schon zwischen 1985 und 1995 widmeten sich über 200 Artikel und Aufsätze in der russischen Literatur diesem Thema und griffen dabei Gedanken von Nikolaj Berdjajew, der 1946 ein Buch unter dem Titel „Russkaja ideja“ veröffentlicht hatte, von Wladimir Solowjow und von ihren Weggefährten auf.

Deren Kernbotschaft lautete, dass Russland etwas Besonderes darstelle und mit keinem anderen Land vergleichbar sei. Es sei seine Bestimmung, von den eigenen, unverwechselbaren Wurzeln her – etwa der ursprünglichen Bauerngemeinde (obschtschina) und dem besonderen Gemeinschaftsideal der Solidarität (sobornost) – einen eigenen Weg zu gehen und daraus seine Zukunft zu entwickeln. Die Diskussion über die „Russische Idee“ setzte eine schon Jahrhunderte lang gepflegte Reflexion über die Frage, was Russland sei und wohin es gehe, fort, die im Mittelalter zu dem Anspruch von „Moskau als Drittem Rom“ und im 19. Jahrhundert zu den ewigen, bis heute nachwirkenden Auseinandersetzungen zwischen Slawophilen und Westlern geführt hatte. Dass es sich hier, bei der Orientierungssuche im Russland der 90er Jahre, nicht nur um einen abstrakten intellektuellen Diskurs handelte, bewies Präsident Jelzin nach seinem Wahlsieg im Sommer 1996, als er einen nationalen Wettbewerb zum Thema „Russische Idee" ausschrieb. Diesen gewann der Lehrer Gurij Sudakov mit seinen „Sechs Prinzipien des Russischen Seins", der darin den eigenen Weg der Russen und ihre Traditionen der im Kollektiv organisierten Solidarität besonders herausstellte.

Eine Variante bei dieser Identitätssuche entwickelte der russische Publizist und Geopolitiker Alexander Dugin. Er knüpfte bei den so genannten „Eurasiern" an, einer Gruppe von russischen Exilanten, die ihre Vorstellungen 1921 in dem Sammelband „Der Auszug nach Osten" (Ischod k Wostoku) zusammengefasst hatten. Diese Anti-Universalisten sahen als das Besondere an den Russen an, dass sie weder Europäer noch Asiaten seien. Sie hätten als „Eurasier" den Auftrag, die Kulturen dieser beiden Kontinente zusammenzuführen. Bei Dugin, der mit seinen Organen „Elemente" (Elementy) und „Eurasische Umschau" (Jewrasijskoe obosrenie, ab 2001) erheblichen Einfluss auf die russische Orientierungsdiskussion gewinnt, entwickelt sich das zu einer rigiden Ablehnung der westlichen Werte von Liberalismus, Demokratie und offener Gesellschaft. Diese Ablehnung wird noch begleitet von einem ausgeprägten Hang zu Verschwörungstheorien. Gegen die Einflussversuche des Westens, der von seiner dekadenten Betonung des Materiellen und des Konsumismus degeneriert sei, müsse Russland als Volk Gottes und des Universums die entschiedene Wahrung seiner staatlichen, nationalen und geopolitischen Interessen stellen.

Die überzeugten „Eurasisten", die es ohne großen Erfolg auch mit einer politischen Partei versucht hatten, stellen nur einen begrenzten Ausschnitt im buntgescheckten Gefüge russischer politischer Denkschulen und Sekten dar.

Aber ebenso wie die Jünger der „Russischen Idee" können sie auf breite Zustimmung rechnen, wenn sie das Besondere an Russland hervorheben und die Übernahme von Wertesystemen und politischen Modellen für Russland von außerhalb schlicht ablehnen. Häufig gehörte Sätze wie „Der westliche Parlamentarismus oder die Prinzipien der offenen Gesellschaft lassen sich auf Russland nicht übertragen" sind, bewusst oder unbewusst, tief in der von diesen Denkschulen mit geprägten politischen Kultur Russlands verwurzelt. Und natürlich lassen sich diese Abwehrreflexe im öffentlichen Diskurs auch trefflich von jemandem mobilisieren, der ganz andere Interessen als die Einhegung der „Russischen Idee" verfolgt. In jedem Fall ist dieses ganze Wir-sind-anders-Syndrom derart verbreitet, dass man von einem ernst zu nehmenden politischen Faktor sprechen muss.

Die messianisch-eschatologisch ausgerichteten russischen Staatsideologien, vom „Dritten Rom" über die zarische Dreieinigkeit von „Autokratie / Orthodoxie / Volkstümlichkeit" und die kommunistische Vision des „Neuen Menschen" bis zur „Russischen Idee", haben als Nebenprodukt ein Kontinuum geschaffen: Alle diese gesellschaftlichen Projektionen rechtfertigen mit dem erstrebten und anziehenden Ziel die auf dem Weg dahin anzuwendenden Mittel. Die Bolschewiki zögerten in keinem Moment, wenn man einmal von Lenins in seinen letzten Schriften niedergelegten Selbstzweifeln absieht, brutalste Gewalt anzuwenden, wenn sich ihnen auf dem Weg zur Errichtung des Sozialismus irgendwer entgegenstellte – bis unter den Schlägen des Stalin'schen Terrors und dem ganzen sich selbst erhaltenden Machtapparat die Dekonstruktion des Ziels unheilbar wurde. Zwar hat eine wenn auch kurze und nicht abschließende Auseinandersetzung mit den Verbrechen der 74 Jahre währenden Sowjetzeit stattgefunden, am intensivsten während der Perestrojka. Dies reichte aber nicht, um die Bereitschaft zu brechen, alle denkbaren Deformationen und Umwege zu akzeptieren, wenn nur das Ziel stimmt – ohne sich Rechenschaft darüber abzulegen, welchen Schaden der Zweck durch die Art der angewandten Mittel nehmen kann.

Anspruch und Realität

Kontinuitätsspuren dieses Denkens lassen sich im heutigen Russland genügend finden. In seinen alljährlichen Reden zur Lage der Nation oder bei anderen feierlichen Anlässen spart Präsident Putin nicht mit eindeutigen Bekenntnissen zur pluralistischen Parteiendemokratie, zur Freiheit des Wortes und zur Unverzichtbarkeit einer starken Zivilgesellschaft. Wenn dann hinterher Gesetze gemacht werden, die jede Parteigründung erschweren und eine Zementierung der aktuellen Monopolstellung der „Partei der Macht" bewirken, dann beginnt eben der Umweg, den die momentanen Umstände erzwingen. Aber das Ziel bleibt ja – und vielleicht wird es sogar dem Präsidenten mit seiner starken Partei besser gelingen, diesem Ziel näher zu kommen, wenn er alle Ressourcen in der Hand hält und niemand dazwischenfunken kann.

Im Oktober 2004 gab der russische Wirtschaftsminister German Gref einer deutschen Wochenzeitung ein Interview, bei dem er gefragt wurde, ob die Abschaffung der Gouverneurswahlen nicht schädlich für die Modernisierung der Wirtschaft sei. Der Minister gab eine sehr ausgewogene Antwort: „Die politischen Neuerungen haben Vor- und Nachteile. Für die Wirtschaft ist es positiv, wenn die Unterschiede zwischen den mal liberal, mal kommunistisch regierten Regionen Russland nicht zu groß werden. In Uljanowsk zum

Beispiel hat ein kommunistischer Gouverneur eine normal entwickelte Region in acht Jahren vernichtet. Sicher, dort gibt es billiges Brot, und die Müllabfuhr kostet wenig. Aber dafür sind die Unternehmen bankrott. Das ist der Preis des Populismus. Für die Einheit der Politik ist die Reform also gut. Die Gouverneure werden sich fürchten, Anordnungen zu ignorieren. Aber es wird auch Nachteile geben. Weil die heutigen Gouverneure vom Volk gewählt wurden, sind sie gezwungen, auf die Menschen Rücksicht zu nehmen. Diese Verbindung zur Bevölkerung wird verloren gehen. Aber für die Periode der harten Reformen ist eine solche Machtkonstruktion besser. Sind die Reformen durchgeführt, sollte man zu direkten Wahlen zurückkehren. Denn unser Problem ist, dass die Mächtigen nicht immer das tun, was die Bevölkerung braucht" (DIE ZEIT, 15.10.2004).

Putins Wirtschaftsminister reflektiert die Probleme, akzeptiert aber die Suspendierung des Wahlrechts, um die „Einheit der Politik" herzustellen. Er ahnt, dass es zur Entfremdung zwischen den von oben ernannten und aufgezwungenen Gebietsleitern und der Bevölkerung kommen kann. Das nimmt er aber in Kauf, denn ein Verzicht auf die Wahlen ist für die „Periode der harten Reformen" besser. Keiner aber weiß, wie lange diese Modernisierungsphase mit ihren Sonderbedingungen dauern wird, niemand stellt sich die Frage, welche Auswirkungen die Einschränkung der Selbstbestimmung in den Regionen haben wird und wie das eigentlich funktionieren soll, dass ein Einzelner ganz allein an der Spitze immer mehr Verantwortung, auch für die Regionen, übernimmt. Als Trost mag erscheinen, dass man alles ja auch einfach wieder rückgängig machen kann. Die Erfahrung aber sagt: Das ist schwer. Und noch schwieriger wird es, für notwendige und unpopuläre Reformen und Modernisierungsschritte die benötigte breite Unterstützung zu bekommen, wenn man diesen Prozess mit einem Misstrauensakt beginnt. Denn was ist die Botschaft „Wir ernennen lieber einen Gouverneur, bevor ihr irgendeinen unfähigen Populisten wählt“ anderes als eine entmutigende Misstrauenserklärung.

Fasst man diese Beobachtungen zusammen, dann stellt man fest, dass eine Transformation und Modernisierung der russischen Gesellschaft nach westlichem Muster in ihrem Innern mit erheblichen Gegenkräften rechnen muss. Es handelt sich dabei um tief eingewurzelte Obsessionen und Abwehrreflexe. Die Trauerarbeit an dem Verlust imperialer Größe ist noch nicht abgeschlossen, und sie gleitet immer wieder ab in eine risikobeladene nostalgische Sehnsucht nach den Sowjetzeiten. In dem nachsowjetischen Identitätsvakuum gedeiht eine unabgeschlossene Suche nach der neuen Bestimmung Russlands, die sich mit der spiegelbildlichen Übernahme anderswo entwickelter Gesellschaftsmuster nicht abfinden will. Wer den russischen Sonderweg fordert, wehrt die westlichen Transformations-Erwartungen entweder wegen ihrer Inkompatibilität mit dem russischen Besonderen ab oder diskriminiert sie als verdeckten Hegemonialanspruch. Und da, wo ein Konsens über Modernisierungsziele erreicht wird, kann die begrenzte Sensibilität für die Wechselbeziehung von Weg und Ziel zu Irritationen führen.

Der russische Präsident ist ein Produkt dieser Gesellschaft, auch er ist gegen die genannten Obsessionen und Reflexe nicht immun. Nach der Tragödie von Beslan rechtfertigte er die schwache Leistung der russischen Staatsmacht mit dem Hinweis, es gebe zu viele ungelöste Probleme bei der Auflösung des Imperiums. Für einen Moment flüchtete er sogar zur Phantasie einer westlich inspirierten Verschwörung. Wladimir

Putins eigene Erwartungen an die „Russische Idee“ verbinden russische Traditionswerte mit westlicher Modernität. Auf keinen Fall gilt ihm die „Russische Idee“ als Instrument zur Abwehr westlicher Reformkonzepte. In dieser Frage bestätigt sich das überraschende Zeugnis seines einstigen Rivalen Chodorkowskij, nach dem Putin um 70 Prozent liberaler eingestellt sei als der Rest Russlands. Aber – und auch das gehört zu den Realitäten – der Präsident, der am 31. Dezember 1999 ohne eigene Machtressourcen in den Kreml kam, musste gleichzeitig seine Machtposition ausbauen *und* den Reformprozess voranbringen. Dabei entstanden erhebliche Differenzen zwischen den angekündigten Zielen und den tatsächlichen Maßnahmen, die zur Kritik von innen und außen geradezu nötigten. Die Anmutung, Wladimir Putin könnte sich von allem befreien – von seiner Herkunft, seiner beruflichen und politischen Sozialisation, seiner Umgebung, den Knebeln der Vergangenheit und den Untiefen der russischen politischen Kultur –, um sich zum Anwalt eines westlichen Traums von Russland zu machen, entbehrt jeder realen Grundlage. Dieser Präsident muss sich, eingebunden in alle Netzwerke, auf absehbare Zeit in den politischen Niederungen bewähren. Und diese tragen ihre eigenen Flurnamen – bis auf weiteres sind das: Tschetschenien / Terror / Beslan; Chodorkowskij / Oligarchen / Wirtschaftsverfassung; Ukraine / Zukunft der GUS / Russlands Rolle im postsowjetischen Raum.

Einbindung statt Ausgrenzung

Wie soll man sich als Nachbar und Partner Russlands verhalten? Diese Frage wird nach den schwierigen Erfahrungen der Jahre 2003 bis 2005 überall intensiv diskutiert. Zu diesen schwierigen Erfahrungen gehört auch, dass Moskau offenbar mit den sensibelsten politischen Seismographen der Welt ausgerüstet ist. Jedenfalls wird dort jeder erhobene Zeigefinger und jedes kritische Wort aufmerksam registriert. Wenn diese Kritik als ungerecht empfunden wird, weil sie vermeintlich Doppelstandards zugrunde legt, weil sie die Besonderheiten der russischen Verhältnisse zu wenig berücksichtigt oder weil sie als destruktiv wahrgenommen wird, dann kann das zu problematischen Reaktionen führen. Der Schritt von der Enttäuschung zur Selbstisolation und Abkapselung ist kurz. Als der Moskauer Kinderarzt Leonid Roschal am 9. September 2004, eine Woche nach seinem gescheiterten Vermittlungsversuch in Beslan, beim Jahrestreffen des „Petersburger Dialogs" in Hamburg auftritt, beschwert er sich: „Eines der Ziele, wieso ich hierher gekommen bin, besteht nicht nur darin, Sie zu sehen, sondern auch laut zu sagen, was da geschehen ist, weil nämlich leider auch in den deutschen Medien – ich sage das ganz offen – negative Reaktionen auf die Ereignisse veröffentlicht wurden. Als Russland kommunistisch war, mochte man es nicht. Das Gorbatschow'sche Russland wurde nicht gemocht, Jelzins Russland wurde nicht gemocht. Putins Russland mögen Sie auch nicht. Ich weiß nicht, welches Russland man hier haben will. Vielleicht gibt es Leute, die Russland nicht mögen, unabhängig davon, wie es ist."

Sehr vieles an dieser Feststellung Roschals stimmt nicht. Michail Gorbatschow wird bis heute in der westlichen Welt als Star gefeiert, erst recht in Deutschland, wo man ihn liebevoll „Gorbi" nennt. Das steht ganz im Gegensatz zu der teilweise bis zur Missachtung reichenden Ablehnung, die er im eigenen Land erfährt, weil viele Leute mit seinem Namen den Untergang der Sowjetunion verbinden. Präsident Jelzin hat mit Bundeskanzler Kohl Saunafreuden geteilt. Natürlich wurden auch im Westen (nicht anders als in Russland) seine Alkoholprobleme kolportiert, aber sonst fällt bei seiner Wahrnehmung im Ausland eher die etwas zu einseitige Stilisierung zum Vorkämpfer der russischen Demokratie auf, deren behutsame Korrektur sowohl in Roschals Heimat wie bei uns noch ansteht. Und es erscheint fragwürdig, aus kritischen Presseartikeln zu Putins Politik nach Beslan den Rückschluss zu ziehen, in Deutschland habe man etwas, vielleicht sogar grundsätzlich Gemeintes, gegen Russland.

Was der populäre Kinderarzt und Putin-Vertraute in Hamburg vorträgt, kann also kaum als Bestandsaufnahme der deutsch-russischen Beziehungen gelten. Es ist eine Klage nach dem Libretto: Keiner hilft uns, keiner versteht uns, keiner mag uns! Sie ist kein Einzelfall. Die Berichte über Begegnungen mit russischen Gesprächspartnern, die diesem Muster folgen, häufen sich. Neuerdings lernen wir, beim Wetter die tatsächliche und die gefühlte Temperatur zu unterscheiden. Das lässt sich auf diese politische Situation übertragen: Die gefühlte Ausgrenzung lässt die faktische weit hinter sich. Gerade der emotionale Hintergrund dieser Anzeichen von Selbstisolierung macht es schwer, das richtige Gegenmittel zu benennen.

Deutschland hat ein starkes Interesse an einer offenen Partnerschaft mit Russland. Jede atmosphärische oder gar tatsächliche Abschottung dieses großen Nachbarn würde großen Schaden anrichten, angefangen bei den Wirtschaftsbeziehungen. In Russland betätigen sich 3 500 deutsche Unternehmen, organisiert in der „Delegation der deutschen Wirtschaft in Moskau“ mit Zweigstellen in Sankt Petersburg, Nowosibirsk und Kaliningrad. Neben bekannten Namen wie Allianz, BMW, Claas, Erdmann, Ikea Deutschland, Knauf und Metro machen sich auch Hunderte von mittelständischen Firmen Hoffnungen auf die Entwicklungsmöglichkeiten dieses riesigen Marktes. Bei bestimmten Größenordnungen kommt immer das Attribut „strategisch" ins Spiel. Was den Handel angeht, steht Deutschland als Wirtschaftspartner für Russland an erster Stelle. Und Deutschland deckt derzeit etwa 30 Prozent seines Erdöl- und fast 40 Prozent seines Erdgasbedarfs aus russischen Lieferungen. So viel Abhängigkeit setzt Vertrauen voraus. Es ist entstanden durch wechselseitige Zuverlässigkeit durch alle politischen Epochen hindurch – während des Kalten Krieges, der Perestrojka, ohne Störungen bei der Auflösung des Sowjetimperiums und von neuer Dynamik geprägt mit dem Russland der Präsidenten Jelzin und Putin.

In der Energiekooperation stehen Projekte einer neuen Qualität an. Der deutsche E.ON-Konzern hält mit 6,5 Prozent die stärkste ausländische Beteiligung an dem russischen Gasriesen Gasprom, der sich, wie oben beschrieben, aufmacht, auch 15 Prozent der russischen Ölförderung zu kontrollieren. Die BASF-Tochter Wintershall, mit Gasprom bereits über das Joint Venture Wingas zum Vertrieb des russischen Erdgases in Europa verbunden, will in Zukunft mit der Gasprom-Tochter Urengojgasprom den Permafrost-Boden Westsibiriens anbohren und hat dafür das Gemeinschaftsunternehmen Atschingas gegründet. Neben diesem ersten russisch-deutschen Upstream-Engagement hören wir regelmäßig von neuen so genannten „Leuchtturm-Projekten". Sie werden in der seit Juli 2000 bestehenden deutsch-russischen „Strategischen Arbeitsgruppe" vorbereitet und dann in der Regel bei den regelmäßigen Gipfeltreffen von Präsident Putin mit Bundeskanzler Gerhard Schröder zum Abschluss gebracht. Diese Unterstützung ist unverzichtbar, wenn es um den Einstieg der großen deutschen Handelsketten Metro und Rewe in den russischen Markt geht, wenn VW in Russland produzieren will oder eine Ostseepipeline geplant wird. Bei den 7. Deutsch-Russischen Regierungskonsultationen in Hamburg und Gottorf am 20. und 21. Dezember 2004, bei denen sich Putin und Schröder bereits zum achtundzwanzigsten Mal innerhalb von vier Jahren begegneten, konnte z. B. die Firma Siemens von einem 1,5-Milliarden-Euro-Abkommen mit den Russischen Eisenbahnen über die Lieferung von 60 Hochgeschwindigkeitszügen für die Strecken zwischen Moskau, Sankt Petersburg und Helsinki berichten, das für die kommenden drei Jahre 1200 bis 1500 Arbeitsplätze in Deutschland sichern wird.

Nicht immer geht es dabei allein um Arbeitsplätze. Im Dezember 2004 wurde in dem unweit von Moskau gelegenen Wissenschaftsstädtchen Korolew in der Uliza Grabina 12 ein Wohnhaus ausgesucht, an dem ein Konsortium von deutschen und russischen mittelständischen Unternehmen, die auf Energieeffizienz, Energieeinsparung und Meßsysteme für Wohnbauten spezialisiert sind, nachweisen will, dass bei einer Anwendung dieser modernen Techniken der Primärenergiebedarf eines solchen Gebäudes um nicht weniger als 90 Prozent gesenkt werden kann. Auch Gasprom ist mit von der Partie, denn bei einem Erfolg des Demonstrationsprojekts und einer Entscheidung, diese Einsparpotenziale systematisch zu nutzen, eröffnen sich gigantische Perspektiven: Der heimische Energieverbrauch würde dramatisch sinken. Das eröffnete die Möglichkeit, die heutige Subventionierung der Energiepreise deutlich abzusenken, was einer Forderung an Russland im Zusammenhang mit seinem WTO-Beitrittswunsch entspräche. Die nicht mehr verbrauchten Öl- und Gasmengen könnten auf dem internationalen Markt gewinnbringend verkauft werden und auf diese Weise die nötigen Investitionen finanzieren. Eine neue Kultur mittelständischer Fachbetriebe entstünde in enger Kooperation mit den deutschen Marktführern, und am Ende stünde ein beeindruckender deutsch-russischer Beitrag zu den internationalen klimapolitischen Zielen.

Gerade dieses Beispiel zeigt, welche Potentiale in der deutsch-russischen Zusammenarbeit stecken. Wo konkrete gemeinsame Projekte funktionieren, entsteht Vertrauen, das man bei der Überzeugungsarbeit in Sachen gemeinsamer politischer Zieldefinitionen nutzen kann. So war es möglich, Moskau nach langer und kräftezehrender Vorarbeit zur Ratifizierung des Kyoto-Protokolls zu bewegen. Es gibt andere Politikfelder, wo eine Annährung über Kooperation noch dringlicher erscheint.

Der Tschetschenienkonflikt verwundet Russland. Dabei geht es nicht allein von dem täglichen Blutzoll, der längst, auf Wochen und Monate umgerechnet, die Verluste des russischen Afghanistankrieges von 1979 bis 1989 übersteigt. Es geht um die Folgen der Brutalität in Tschetschenien und der Terroranschläge, deren Schauplatz längst ganz Russland ist. Dieser Konflikt verroht die russische Gesellschaft, schürt Rassismus, dem inzwischen schon kaukasisch aussehende Kinder und Jugendliche zum Opfer fallen. Er erzeugt ein Klima der Angst, des Hasses, der Abstumpfung und der Verdrängung. Ständig wächst die Gefahr, dass sich der Konflikt räumlich ausweitet – in einer Region, die schon an einem Übermaß an Spannungen, Auseinandersetzungen und nur mühsam unter Kontrolle gehaltenen „frozen conflicts“ leidet. Eine solche Ausweitung wäre dann keineswegs mehr allein eine russische Angelegenheit.

Die russische Politik verbittet sich in Sachen Tschetschenien jede Einmischung. Das Risiko, sich dabei in Widersprüche zu verwickeln, nimmt Moskau in Kauf: Weltweit wird der Terrorismus der globalen Netzwerke in grenzüberschreitender Zusammenarbeit bekämpft, und diesem internationalen Terrorismus ordnet der Kreml ja die Anschläge von Bassajew und seinen Auftragnehmern zu. Aber Beslan kann eine Wende bringen. Erstmals hat Präsident Putin die ökonomischen und sozialen Defizite in der ganzen nordkaukasischen Region als Hintergrund für die Unzufriedenheit und Gewaltbereitschaft angesprochen. Er sieht sie auch als Brandbeschleuniger für die schwelenden ethnisch-religiösen Spannungen in diesen südrussischen Regionen. Hier kann Europa anknüpfen – auf der Basis eigener Erfahrungen. Noch während des Kosovo-Krieges 1999 brachte die EU den „Stabilitätspakt für Südosteuropa" auf die Schienen. Gegen die Konflikte, die Spannungen und die Kooperationsunfähigkeit in der Balkanregion stellte er ein umfassendes Programm, das grenzüberschreitende regionale Zusammenarbeit prämierte und förderte. Die Botschaft „Regionale Zusammenarbeit lohnt sich!" sollte in acht Ländern der Region Aktivitäten umsteuern, indem nachbarschaftliches und kooperatives Verhalten belohnt, konfliktorientiertes und gewalttätiges Vorgehen dagegen angeprangert wurde. Für einen solchen Ansatz gab es Vorbilder. Nicht zufällig erinnern die drei „Arbeitstische" des Stabilitätspaktes zu den Themen Demokratie und Menschenrechte, wirtschaftlicher Wiederaufbau und Entwicklung sowie Fragen der äußeren und inneren Sicherheit an die einstigen „Körbe" des Helsinki/KSZE-Prozesses der 70er Jahre.

Schon im Jahr 2000 legte das Brüsseler „Centre for European Policy Studies" (CEPS) eine Studie unter dem Titel „A Stability Pact for the Caucasus" vor, die in den Kreisen der EU auf eine positive Resonanz stieß. Heute spricht noch viel mehr für eine europäisch-russische Zusammenarbeit. Dazu ist eine umfassende Regionalstrategie notwendig, die die Terrorabwehr in der gesamten Kaukasusregion stabilisiert. Die Voraussetzungen für einen solchen „Stabilitätspakt Kaukasus“, der die russischen Regionen am Nordrand des Kaukasusgebirges mit einbeziehen könnte, haben sich mit der Aufnahme von Georgien, Armenien und Aserbaidschan in das „Neue-Nachbarschafts-Programm“ der EU verbessert. Die europäischen Staaten bringen in Sachen Stabilitätspakt eine reiche, seit 1999 gesammelte Erfahrung aus dem Balkan mit, sie könnten in einem größeren regionalen Kontext bei den heiklen Problemen in Südossetien und Abchasien zwischen Georgien und Russland vermitteln und gemeinsam mit Moskau und den kaukasischen Republiken eine attraktive Zukunftsperspektive für diese ganze konfliktbelastete Region entwickeln.

In der Situation nach Beslan hat die deutsche Bundesregierung auf informellen Wegen in Moskau sondiert, ob es hier Chancen zur Zusammenarbeit gibt. Gleichzeitig hat sie dem russischen Präsidenten ein umfassendes Dialogprojekt vorgeschlagen. Es hat zum Ziel, gemeinsam herauszufinden, welche Rolle heute Parlamentarismus, Rechtsstaat und Zivilgesellschaft bei der Abwehr terroristischer Herausforderungen spielen können. Präsident Putin hat bei seinem Besuch in Hamburg am 20. Dezember 2004 positiv auf diese vorher gründlich geprüften Vorschläge reagiert. Diese Chance ist auf der Basis des besonderen persönlichen Vertrauensverhältnisses zwischen dem russischen Präsidenten und dem deutschen Bundeskanzler gewachsen. Sie im Sinne einer konstruktiv-kritischen Partnerschaft zu nutzen, die ohne gegenseitige Belehrungen oder Bekehrungsversuche auskommt, sondern Erfahrungen austauscht und gemeinsame Antworten sucht, erscheint als lohnende Aufgabe.

Russland kommt

Am 9. Mai 2005 finden in Moskau die Feiern zum 60. Jahrestag des Endes des Zweiten Weltkriegs statt. Es ist der letzte große Gedenktag, der noch einmal gemeinsam mit den Überlebenden der Kriegsgeneration auf die beispiellose Katastrophe für Russland und ganz Europa zurückschaut. Der Tag wird an die 30 Millionen Kriegsopfer in der Sowjetunion erinnern und an die Verwüstungen, die Hitlers Armeen hinterlassen haben. Aber die Gedenkfeiern, das wünschen sich die Veranstalter, sollen auch Signale für eine europäische Versöhnung aussenden. Erstmals ist der deutsche Regierungschef zur Teilnahme eingeladen. Und schon einen Tag später wird der EU-Russland-Gipfel in Moskau tagen und den Blick nach vorne richten.

Die Menschen in Russland haben viel durchgemacht. Die Mehrheit von ihnen ist tatsächlich „gemacht in der UdSSR“, wie es in dem Song von Oleg Gasmanow heißt. In den 74 Jahren des real existierenden Sowjetstaats hat eine kleine Schicht große Zeiten erlebt. Die Zahl der Opfer von Hunger, Verfolgung und Terror geht in die Millionen. Der große Rest hat seinen Weg gefunden zwischen den eng gesetzten, aber Sicherheit gebenden Leitplanken eines etwas grauen Alltags mit den kleinen, nichtpolitischen Freiheiten, die jedes behäbige, eben doch nicht perfekt funktionierende System dann doch noch lässt. Nach 1991 sind es dieselben Menschen, die jetzt völlig neue Überlebensstrategien erlernen müssen, nur unzureichend vorbereitet durch die kurze „Perestrojka“. Die Karten werden neu gemischt. Die „Neuen Russen“, meist junge, smarte Gestalten, tragen ihre Plastiktüten voller Rubelscheine in die Nobelrestaurants. Ihnen folgen die ratlosen Blicke der mittleren und älteren Generation, die den Anschluss nicht findet und sich nicht daran gewöhnen kann, dass es nichts mehr umsonst und für nichts mehr eine Garantie gibt – nicht für den Job, nicht für das Krankenhausbett, nicht für die Sicherheit auf den Straßen.

Die Augustkrise 1998 war der Tiefpunkt. Alle, die schon ein bisschen was auf die Seite hatten legen können, drängelten sich gleichzeitig vergeblich an den Banktoren. Die Jungen und Smarten schauten nicht einmal hin, aus ihren Daimlers und BMWs. Dann kam 2000, das Millennium, und es wurde ruhiger. Im Kreml saß Wladimir Putin, und seine Worte klangen beruhigend: Russland kommt, und bis 2010 oder 2012 verdoppeln wir unser Bruttoinlandsprodukt. Immerhin, die Ausfallzeiten für Löhne, Gehälter und Renten verkürzten sich. Netto blieb auch etwas mehr. Luschkow putzte Moskau heraus, und beim 300-jährigen Jubiläum im Jahr 2003 zog Sankt Petersburg nach.

Die Menschen haben wirklich viel durchgemacht, auch nach 1991. Wie sagte doch der Mann von „Echo Moskwy“? Wenn die Wurst billig ist und schmeckt, wenn Russland Leute in den Weltraum schickt und Eishockey-Spiele gewinnt, was braucht man dann noch für andere demokratische Werte? Wer will es dieser Generation übel nehmen, wenn sie so denkt?

Aber es wächst eine neue Generation heran. Es ist gut, dass Russland und Deutschland im Dezember 2004 ein Abkommen über einen verstärkten Jugendaustausch geschlossen haben, übrigens der bisher sichtbarste Erfolg des „Petersburger Dialogs“. Wer in jungen Jahren sich ernsthaft und über Monate hinweg mit der Sprache, dem Leben, der

Kultur und dem Denken des anderen Landes beschäftigt hat, der behält seine Neugier, seine Antennen und sein besseres Verständnis für das, was da vor sich geht, sein Leben lang. Wir brauchen viele, auf beiden Seiten, die sich für dieses Privileg entscheiden.

Diese neue Generation in Russland versucht selber zu verstehen, in welches Land und in welche Geschichte sie hineingeboren wurde. Einen beeindruckenden Beleg dafür liefern die Arbeiten von russischen Schülerinnen und Schülern der Oberstufe, eingesandt bei dem gesamtrussischen Geschichtswettbewerb zu dem Thema „Der Mensch in der Geschichte. Russland im 20. Jahrhundert". Mit Unterstützung der Körber-Stiftung und anderer Sponsoren hat die Menschenrechtsorganisation „Memorial" diesen Wettbewerb in Russland organisiert, bei dem die Teilnehmer in ihrem persönlichen Umfeld Vertreter der älteren Generation befragten, alte Unterlagen durchsahen und Spuren zusammentrugen. Die besten Arbeiten hat Irina Scherbakowa („Russlands Gedächtnis") auch für den deutschen Leser zugänglich gemacht. In dieser Sammlung kann man viel über die Sowjetzeit aus der Sicht des Einzelnen erfahren. Und man lernt junge Menschen kennen, die ihre eigenen Schlüsse aus ihrer Spurensuche ziehen. Eine Schülerin, die dem Schicksal der Bewohner eines bestimmten Wohnhauses nachgeht, fasst ihre Recherchen in einem einzigen Satz zusammen: „Wir haben die erste Hälfte des 20. Jahrhunderts damit vertan, das gesamte Leben bis zur Revolution auszulöschen, und haben das Ende des 20. Jahrhunderts der Rekonstruktion eben dieser Geschichte gewidmet."

Ein anderer Wettbewerbsteilnehmer aus einer Schule in Baschkortostan zeichnet die Schicksalsprüfungen seines Großvaters nach, der die Vernichtung der Kulaken am Anfang der 30er Jahre in seiner Familie erlebt, sich aber nie beugen lässt. Der Bericht schließt mit den Worten: „Ich wollte zeigen, dass der Mensch die wichtigste Figur in der Geschichte ist, die ihrem Grau tropfenweise Farbe hinzufügt. In vielem wird das Resultat des Jahrzehntes, des Jahrhunderts davon abhängen, wie viele solcher Tropfen, solcher Menschen in ihm leben, die imstande sind, ihr menschliches Ich zu bewahren." Aus der Lebensgeschichte seines Großvaters, dessen Bewährungsprobe in die Zeit der größten Repressionen fiel, nimmt dieser Schüler eine Botschaft mit, die ihm besonders wichtig ist. Sie lautet: „Man hat immer eine Wahl!"

Man wünschte sich, dass diese neue Generation bald Verantwortung in Russland übernimmt.

Zeittafel
Russland unter der Regierung von Wladimir Putin

25.7.1998	Präsident Jelzin ernennt Putin zum Chef des FSB (Föderaler Sicherheitsdienst, früher KGB).
23.3.1999	Präsident Jelzin ernennt Putin zum Sekretär des Nationalen Sicherheitsrats.
9.8.1999	Präsident Jelzin ernennt Putin zum Premierminister (von der Duma am 16.8. bestätigt).
17.9.1999	Beginn des 2. Tschetschenienkrieges.
19.12.1999	Dumawahlen, danach synthetische Bildung einer „Partei der Macht" („Einiges Vaterland", ab Februar 2002 „Einiges Russland" mit Mehrheit für Putin).
31.12.1999	Präsident Jelzin erklärt seinen Rücktritt und macht Putin zum „amtierenden Präsidenten".
26.3.2000	Putin gewinnt die Präsidentschaftswahlen im 1. Wahlgang mit fast 53 Prozent.
13.5.2000	Dekret zur Bildung von 7 „föderalen Distrikten" mit Bevollmächtigten Vertretern des Präsidenten („Generalgouverneure").
7.7.2000	Die Duma beschließt ein umfassendes Gesetz zur Verwaltungsreform.
12.8.2000	Das Atom-U-Boot „Kursk" sinkt in der Barentssee.
9.4.2001	Präsident Putin und Bundeskanzler Schröder verabreden den „Petersburger Dialog".
11.9.2001	Nach den Anschlägen Bin Ladens in New York und Washington stellt sich Putin auf die Seite der USA beim Kampf gegen den Terrorismus.

27.6.2002	Die Duma beschließt ein Bodengesetz, nach dem Agrarland gehandelt werden kann.
23.10.2002	Terrorakt gegen das Moskauer Musiktheater an der Dubrowka (Musical „Nordost") mit 129 toten Geiseln bei der Befreiung.
5.10.2003	Achmed Kadyrow siegt bei Präsidentschaftswahlen in Tschetschenien mit 81 Prozent.
25.10.2003	Verhaftung des Oligarchen und Jukos-Chefs Michail Chodorkowskij.
7.12.2003	Dumawahlen mit Sieg der Putin-Partei „Einiges Russland" mit 37 Prozent der Wählerstimmen, nach der Konstituierung mit 306 von 450 Abgeordneten (absolute Mehrheit).
6.2.2004	Terroranschlag in der Moskauer Metro mit fast 50 Toten.
14.3.2004	Putin gewinnt die Präsidenten-Wahlen im 1. Wahlgang mit 71,2 Prozent.
9.5.2004	Der tschetschenische Präsident Achmed Kadyrow wird bei einem Anschlag in Grosnyj getötet.
16.6.2004	Beginn des Prozesses gegen den Oligarchen Michail Chodorkowskij vor dem Moskauer Meschtschanskij-Gericht.
21.6.2004	Terroranschlag in Nasran, Inguschetien, mit 98 Toten.
25.8.2004	Absturz von zwei russischen Passagierflugzeugen durch Terroranschläge mit 92 Toten: Beginn der „Woche des Terrors".
29.8.2004	Wahl von Alu Alchanow in Tschetschenien zum Nachfolger von Achmed Kadyrow.
31.8.2004	Terroranschlag vor der U-Bahn-Station „Rigaer Bahnhof" in Moskau mit elf Toten.
1.9.2004	Geiselnahme von 1251 Menschen in der Schule

Nr. 1 von Beslan/Nordossetien, die am 3.9. blutig beendet wird; Bilanz: 330 Tote, davon 176 Kinder, 600 z. T. schwer verletzte Kinder und Erwachsene, 32 getötete Geiselnehmer.

28.9.2004 „Offener Brief" von etwa 115 westlichen Politikern und Wissenschaftlern mit scharfer Kritik an der Politik Putins.

31.10.2004 1. Wahlgang der Präsidentschaftswahlen in der Ukraine: Oppositionsführer Viktor Juschtschenko liegt gegen den von Moskau unterstützten Viktor Janukowytsch knapp vorne.

21.11.2004 Stichwahlen um die Präsidentschaft in der Ukraine: Nach Berichten von massiven Wahlfälschungen, durch die Viktor Janukowytsch vorne liegt, beginnt die „Orangene Revolution".

3.12.2004 Die Duma beschließt ein Gesetz zur Abschaffung der Gouverneurswahlen zugunsten eines Ernennungsrechts durch den Staatspräsidenten und ein neues Parteiengesetz, das die Mindestmitgliederzahl auf 50 000 heraufsetzt.

8.12.2004 In Kiew feiert die Opposition den Sieg der „Orangenen Revolution", nachdem das Oberste Gericht am 3.12. die Wiederholung der Stichwahl für den 26.12.2004 angeordnet hat und im Anschluss an den „3. Runden Tisch" Regierung und Opposition über eine „Paketlösung" den Weg für die Wiederholung der Wahl politisch freigemacht haben.

19.12.2004 Bei der Zwangsversteigerung von Juganskneftegas, dem Kernstück der Ölproduktion des Jukos-Konzerns, erhält die unbekannte „Baikalfinansgrup" den Zuschlag, wird aber zwei Tage später vom staatlichen Ölkonzern Rosneft aufgekauft. Damit ist die Zerschlagung des von Michail Chodorkowskij aufgebauten Jukos-Konzerns vollzogen.

26.12.2004 Bei der wiederholten Stichwahl in Kiew gewinnt Viktor Juschtschenko mit 52 Prozent der Stimmen gegen Viktor Janukowytsch (44,4 Prozent).

20.1.2005 Präsident Putin gratuliert dem ukrainischen Wahlsieger Juschtschenko, bei dessen Amtseinführung am 23.1. Vertreter von 60 Staaten und internationalen Organisationen teilnehmen, und empfängt ihn am 24.1. in Moskau zu einem ersten Gespräch.

25.1.2005 Der Europarat beschließt eine Resolution und Empfehlung in Sachen Jukos/Chodorkowskij mit deutlicher Kritik an Moskau.

Literatur

Deutsches Institut für Menschenrechte (Hg.): Russland auf dem Weg zum Rechtsstaat? Antworten aus der Zivilgesellschaft. Berlin 2003

Orlando Figes: Nataschas Tanz. Eine Kulturgeschichte Russlands. Berlin 2003

Gabriele Gorzka, Peter W. Schulze (Hg.): Wohin steuert Russland unter Putin? Der autoritäre Weg in die Demokratie. Frankfurt/New York 2004

Florian Hassel (Hg.): Der Krieg im Schatten. Russland und Tschetschenien. Frankfurt 2003

Heiko Haumann: Geschichte Russlands. Zürich 2003

Sergej Henke: Der russische Traum. Vormoderne Traditionen der politischen Kultur Russlands. Hamburg 2003

Olga Kryschtanowskaja: Anatomie der russischen Elite. Die Militarisierung Russlands unter Putin. Köln 2005

Margareta Mommsen: Wer herrscht in Russland? Der Kreml und die Schatten der Macht. München [2]2004

Ernst Piehl, Peter W. Schulze, Heinz Timmermann (Hg.): Die offene Flanke der Europäischen Union. Russische Föderation, Belarus, Ukraine und Moldau. Berlin 2005

Anna Politkowskaja: Putin's Russia. London 2004

Anna Politkowskaja: Tschetschenien – die Wahrheit über den Krieg. Köln 2003

Alexander Rahr: Wladimir Putin. Der „Deutsche" im Kreml. München 2000

Boris Reitschuster: Wladimir Putin. Wohin steuert er Russland? Berlin 2004

Cameron Ross (Hg.): Russian politics under Putin. Manchester 2004

Richard Sakwa: Putin: Russia's choice. London 2004

Irina Scherbakowa (Hg.): Russlands Gedächtnis. Jugendliche entdecken vergessene Lebensgeschichten. Hamburg 2003

Lilia Shevtsova: Putin's Russia. Washington D. C. 2004

Wiktor Timtschenko: Putin und das neue Russland. Kreuzlingen/München 2003

Christian Wipperfürth: Putins Russland – ein vertrauenswürdiger Partner? Grundlagen, Hintergründe und Praxis gegenwärtiger russischer Außenpolitik. Stuttgart 2004

Brennpunkte

Katajun Amirpur/Reinhard Witzke
Schauplatz Iran
Ein Report
Band 5535
Im Focus: Iran ist der erste Staat, in dem Ernst gemacht wurde mit der Devise „der Islam ist die Lösung“. Kenntnisreich und spannend erzählt.

Eugen Drewermann
Krieg ist Krankheit, keine Lösung
Im Gespräch mit Jürgen Hoeren
Band 5427
Gerechte Ordnung entsteht nicht aus Gewalt. Krieg ist Wahnsinn – in Afghanistan, im Irak. Überall auf der Welt.

Martin Fritz
Schauplatz Nordkorea
Das Pulverfass im Fernen Osten
Band 5464
Atomwaffen, Hungersnöte, ein unberechenbarer Diktator – Nordkorea gilt im Westen als brandgefährlich. Eine brillante Analyse der Hintergründe der Krise von einem der besten Kenner des Landes.

Peter Heine
Schauplatz Irak
Hintergründe eines Weltkonflikts
Band 5371
Was sind die Hintergründe des brisanten Konflikts? Ein spannendes Sachbuch von einem Experten für die islamische Welt.

Howard Zinn
Amerika, der Terror und der Krieg
Band 5329
Ist Krieg eine wirksame Antwort auf den Terror? Zinns Analyse zerstört den Mythos der legitimen Gewalt und deckt die Mechanismen auf, die den Krieg „gesellschaftsfähig“ machen.

Brisant und aktuell

Philipp Gessler
Der neue Antisemitismus
Hinter den Kulissen der Normalität
Band 5493
Wie normal ist Antisemitismus hierzulande? Ein brisanter Bericht aus dem Inneren unseres Landes. Spannend und provokant.

Friedhelm Hengsbach
Das Reformspektakel
Warum der menschliche Faktor mehr Respekt verdient
Band 5544
Ausschließlich am Markt orientierte Reformversuche sind bedrohlich für den sozialen Zusammenhalt. Hengsbachs These: Kern jeder Wirtschaft und jeder Gesellschaft bleibt – der Mensch.

Wolfgang Huber
Vertrauen erneuern
Eine Reform um der Menschen willen
Band 5605
Der Ratsvorsitzende der EKD über Unsensibilität von Managern und Politikern und über Verantwortung des Einzelnen. Seine These: Wir brauchen mehr Reformen. Aber auch mehr Solidarität zwischen Reichen und Armen.

Paul Kirchhof
Der Staat – eine Erneuerungsaufgabe
Band 5555
Terrorismus, ökologische Gefährdungen, internationale Finanzströme: Der bekannte Jurist plädiert für grundlegende Reformen – Antworten auf Zukunftsfragen, die jeden direkt angehen.

Peter Ulrich
Zivilisierte Marktwirtschaft
Eine wirtschaftsethische Orientierung
Band 5579
Verwildert unsere Marktwirtschaft? Unter den „Sachzwängen" des globalen Standortwettbewerbs scheint die Politik ratlos.